코로나 치료와 백신 해독

The Remedy of covid-19 and vaccine detox

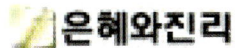

박다니엘 편저

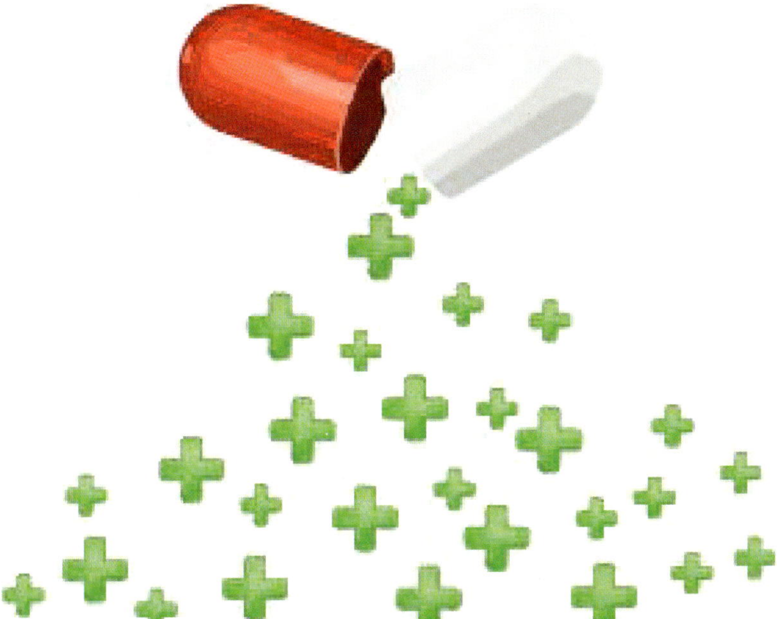

은혜와진리

코로나 치료와 백신 해독

코로나 치료와 백신 해독

2022년 1월 7일 1판 1쇄 인쇄
2022년 1월 10일 1판 1쇄 발행
펴낸이 박다니엘
펴낸곳 은혜와진리
등록 2012.01.12. 제357-251002012000100호
주소 고양시 덕양구 흥도로 454번길 32
전화 031-968-7711
팩스 031-969-3842
지은이 박 다니엘
디자인 루하마
ISBN 979-89-98860-10-3

코로나 치료와 백신 해독

박다니엘

은혜와 진리

책을 내면서

2021년 10월 22일 아이들을 데리고 공원에 갔다가 산책을 하고 있는 이웃을 만났다. 남자는 백인이었는데 매우 마르고 연약해 보였고 부인은 흑인이었는데 남자보다 30살 아래였다. 둘 사이에 네 명의 자녀들이 있었다. 둘은 공원을 한 바퀴 돌려고 했고 점심 먹은 지 얼마 되지 않은 나는 소화하느라 아들과 함께 그 부부의 산책에 동참했다. 이런저런 이야기를 하다가 부스터샷은 맞지 말라고 했다. 남자는 진지하게 이제는 맞지 않겠다고 했다. 이전에 백신 맞지 말라고 권유했었을 때 그가 한 귀로 듣고 한 귀로 흘렸기 때문에 그의 반응이 매우 이질적으로 느껴졌다.

함께 걷던 중 그가 갑자기 자기 입을 가리키며 암에 걸렸다고 말했다. 그는 입안에 암이 시작된 지 4개월이 되었는데 최근 2개월 동안 크게 악화됐다고 말했다. 그가 이야기하는데 백신 접종이 악영향을 미친 것 같다는 뉘앙스가 풍겼고 그의 갑작스런 태도변화를 어느 정도 이해할 수 있었다.

길을 걷다가 그가 갑자기 나에게 기도를 부탁했다. 나는 간절한 마음으로 그를 위해서 기도했는데 눈시울이 적셔지는 그의 얼굴을 보았다. 그는 울먹이면서 아내는 아직 운전을 배우지 않았고 자신의 죽음에 준비가 되지 않았다고 했다. 같은 아버지와 남편의 입장에서 그의 흐느끼는 모습을 볼 때 마음이 깨어지는 것 같았다.

헤어져서 가는 길에 옆에서 지켜보던 맏아들 에녹이가 "그러게 왜 백신을 맞았냐?"고 말하며 안타까워했다. 에녹이도 아버지가 쓴 글을 조금 읽어보았기 때문에 코로나 백신이 인간의 면역력을 약화시켜 암을 발생케 하거나 눌렸던 암이 악화하는 것을 알고 있는 것 같았다.

집으로 가는 길에 백신과 관련된 자들에 대해서 분노를 느꼈다. 그리고 백신으로 인해 몇 년 안에 암 환자들이 상당히 늘어날 것 같다는 생각이 들었다.

2021년 11월 5일에 한국에 입국해서 10일 동안 격리 생활을 보냈다. 그 후 지인들과 만나는데 많은 분이 이미 백신을 접종하셨는데 아무런 이상이 없으신 분들이 대다수였지만 크고 작은 부작용을 겪은 분들이 적지 않은 것에 놀랐다.

돌에 눌린 것처럼 심장이 가끔 아프신 분, 심장에 부정맥이 와서 고생하신 분, 눈 떨림이 계속 있으신 분, 이전보다 매우 무기력해지신 분, 기억력과 인지능력이 약해지신 분들이 계셨다. 직접 알지는 못했지만, 지인들은 정상적인 생활을 할 수 없을 정도의 부작용이 오신 분들에 관해서도 이야기를 해주었다. 어떤 분은 직장동료가 백신을 접종한 후에 인지능력이 느려지셔서 예전에는 정상적으로 일을 하셨는데 이제는 점점 느려지신다는 이야기도 하셨다. 이런 일이 많이 있어서인지 내가 오래전부터 페이스북에 날마다 백신에 대해 경고를 할 때 내가 갑자기 이상하게 변했다고 생각했던 지인이 이제는 왜 그렇게 열심히 알리셨는지 알겠다고 했다.

한 분은 내가 "백신, 미친짓이다"라는 책을 쓴 것을 아시고 이제는 디톡스에 대한 책을 써달라는 부탁을 하셨다. 이분이 부탁하기 전 아침에 기도하는데 디톡스 책을 써야 한다는 감동을 받았었다. 그래서 나는 박사학위 논문을 마치는 것을 미뤄두고 이 책을 쓰게 되었다.

'코로나 치료와 백신 해독'이란 책은 코로나를 이기고 백신으로 인한 부작용을 완화하는 데 도움을 드리기 위해서 쓰였다. "백신, 미친짓이다"라는 책에도 해독에 관한 내용을 담기는 했지만, 이 책은 오로지 백신 해독에 관한 내용만 전문적으로 담았다.

해 아래 새것이 없다. 현재 일어나는 일과 유사한 사건이 1918년에 있었던 스페인 독감 때도 있었다. 역사를 왜곡한 언론에 의해 많은 사람들이 속고 있지만 스페인 독감으로 사망한 5천만에서 1억이 되는 사람들은 백신과 잘못된 치료때문이었다. 스페인 독감을 실제로 경험한 엘리노아 맥빈(Eleanor McBean) 박사는 '백신접종비난(Vaccination Condemned)'이란 책에서 치유에 대해서 매우 희망을 주는 글을 썼다.

"나는 1919년 인플루엔자 전염병의 현장 관찰자였습니다. 의료인과 의료 병원이 독감 사례의 33%를 잃고 있는 동안 베틀크릭(Battle Creek), 캘로그(Kellogg), 그리고 맥파든스 헬스 리스토리엄(MacFadden's Health-Restorium)과 같은 비의료 병원은 신중하게 만든 자연 식품 식단, 물 치료, 목욕, 관장, 금식 및 기타 간단한 치유 방법 등으로 거의 100% 치료를 했습니다. 한 의사는 8년 동안 한 환자도 잃지 않았습니다. 의사들이 약물을 사용하지 않는 의사들만큼 발전했다면 독감 치료로 2천만 명이 사망하지 않았을 것입니다."

스페인 독감 때는 백신 부작용을 대체의학으로 많은 사람을 고쳤다. 물론 코로나백신의 부작용은 스페인 독감 백신보다는 비교할 수 없을 만큼 복잡하다. 그러나 이번에도 몸의 자연치유능력을 향상시켜서 백신 부작용과 싸우는 것이 가장 좋은 방법이라고 생각한다.

한국보다 일찍 백신접종이 시작됐던 많은 국가들에서는 벌써 다양한 방법으로 부작용을 돌이키려고 하고 있다. 그러한 내용들이 주로 영문으로 된 자료들이라서 많은 자료를 번역 후 정리하고 분석해서 전문가들의 프로토콜과 지혜를 담으려고 노력했다. 한 사람이라도 이 책을 통해서 부작용이 치료되거나 생명을 구하기를 기도한다.

목 차

제3부 디톡스 자연요법

제4부 디톡스 보조제

제5부 치료법

제6부 말씀과 기도

부 록

제1부 백신 내용물과 부작용

1. 백신 내용물

2. 증폭되는 부작용

1. 백신 내용물

코로나 백신의 내용물은 철저하게 베일에 감추어져 있었다. 정상적이라면 백신과 함께 내용물을 정리한 종이가 포함되는데 코로나 백신에는 아무것도 없었다. 그래서 가끔 약사들이 아무것도 적혀져 있지 않은 종이를 흔들며 대중에게 경고의 메시지를 보냈다.

그러나 백신 접종이 시작된 후 1년이 지나자 대부분의 내용물이 밝혀지기 시작했다. 어떤 과학자와 의사들은 현미경을 통해서 기괴한 물질을 발견했다. 어떤 박사는 빅파마가 신청한 특허를 통해서 내용물을 밝혀냈다. 여기에 더해서 내부 고발자들도 나타나서 이러한 진실을 확인해주었다. 그들 중 어떤 이는 내용물들을 발견한 후 충격에 빠져 흐느끼기도 했다. 왜냐면 백신이 바이오무기라는 사실이 내용물을 통해서 밝혀졌기 때문이다.

그렇다면 백신 제조회사가 그렇게 감추고 싶었던 내용물들은 무엇인가?

첫째, 허무하게도 식염수만 들어가 있는 백신이 있다.

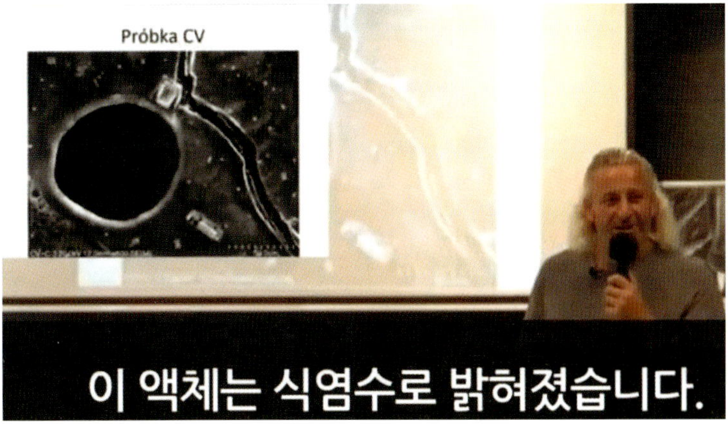

(자신의 발견을 발표하는 프랭크 잘레브스키 박사)

프랭크 잘레브스키(Franc Zalewski) 박사는 백신 안에서 괴물질을 발견한 과학자로 유명하다. 그런데 그가 입수한 5개의 백신을 분석할 때 그는 3개가 식염수만 들어가 있는 것을 발견했다. 식염수만 들어간 백신은 정확한 숫자는 알 수 없지만 대략 30% -50% 정도인 것으로 보인다. 그동안 백신 접종 후 항체검사를 했을 때 항체를 발견한지 못하는 사람을 많았다. 그 원인은 바로 이런 물백신 때문으로 보인다.

둘째, mRNA와 독성물질을 전달하는 시스템이 들어가 있다.

대체의학과 통합의료 분야 그리고 혈액 검사 전문의인 잔드레 바따(Zandre Botha) 박사가 의뢰를 받고 백신의 내용물을 현미경으로 관찰할 때 깜짝 놀랄만한 물체를 발견했다. 그녀는 자신이 발견한 것을 스튜 피터스 쇼에서 발표할 때 다음과 같이 기괴한 물체의 사진과 움직이는 동영상을 보여주었다.

(잔드레 바따 박사가 발견한 디스크)

이 물질을 발견한 그녀는 다음과 같이 고백했다.

이게 자연생물이 아니라는 거에는 이견이 없어요. 자연생물이라 하기엔 부자연스러울 정도로 인공적 구조예요. 이것들은 또 자가조립하고 있었어요. 정말 기괴하더군요. 낮은 확대율로 한번, 높은확대율로 한번 녹화했어요. 지금 보시는데 바로 그 디스크 형체입니다. 제발 누구라도 이게 뭔지 설명 해줄 수 있으시면 좋겠어요.

이후 제인 루비 박사는 이 디스크가 배달 수단이며 프로그래밍이 되어있어 생존 기간이 끝나면 열린다고 말했다. 그녀는 처음에 디스크만 보이다가 생존 기간이 끝나면 디스크는 갑자기 사라지고 그 자리에 시커먼 실타래기들이 나타나고 괴상한 물질들이 나온다고 했다.

전 화이자 직원이며 제약 및 의료기기 산업의 분석가인 캐런 킹스턴은 특허에 나오는 다음의 그림을 통해서 이 물질이 무엇인지를 명확하게 밝혀냈다.

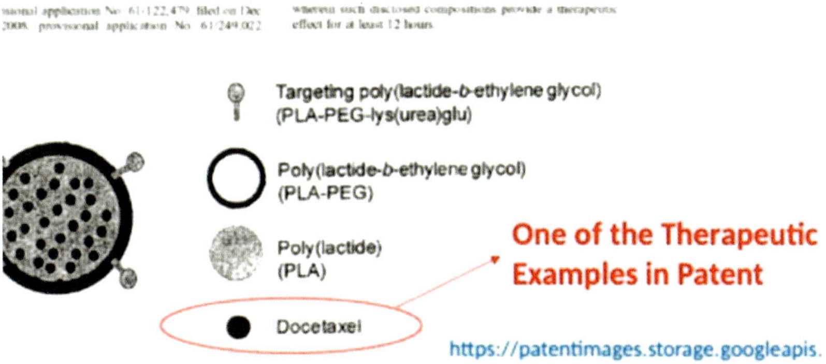

그녀는 특허를 보여주며 강조했던 것은 다음에 나오는 세 가지 물질이다.

1. 디스크 안의 검은 물질은 항암제인 도세탁셀(Docetaxel)이 있다.
항암제 도세탁셀은 암을 공격하지만 인간의 자가면역체계도 정지시킬 수 있다. 이 물질이 백혈구의 공격능력을 상실케 하고 면역체계를 문 닫게 하면 인간은 각종 질병에 더 취약하게 된다.

2. 바이오마커인 모이티(Moiety)가 들어가 있다.
그녀는 "매우 중요한 점은 0074 섹션을 보면 모이티(Moiety)도 들어있다고 나와 있는데 모이티는 바이오 마커입니다."라고 주장했다. 모이티라는 바이오 마커는 운반물질인 나노 디스크를 자동적으로 난소나 고환, 혹은 심장 등 몸의 특정 장기로 가도록 프로그램 될 수 있다. 그렇다면 현재 있는 모든 부작용은 우연에 의해서 생겨난 것이 아니라 의도된 결과였다는 것을 알 수 있다.

3. 나노 디스크들을 연결하는 나노자석이 있다.

그녀는 또 이 나노디스크가 나노자석으로 연결되어 있다고 했다.

65001 특허는 나노자석에 관한 겁니다. 사람들 몸이 자성을 띠는 이유는 백신 안에 자석이 있기 때문이예요. 그림을 보면 자석 연결선, 영구자석, 약물운반 시스템이 그 구성품이예요.

그렇다면 이런 결론에 도달할 수 있다. 이들의 계획은 나노자석으로 연결된 나노 디스크들이 인간의 생식기와 피를 생성하는 골수와 같은 중요한 장소로 가서 도세탁셀이란 물질을 통해 생식기와 골수를 비롯한 중요 장기를 파괴한다. 백혈병이 급등하고 생식기가 파괴되고 태아와 갓 태어난 아이들이 죽는 것은 이들의 끔찍하고 치밀한 백신 공격에 의해서다.

셋째, 백신안에 다양한 용량의 mRNA가 들어있다.

(mRNA에 대해서 설명하는 제인 루비 박사)

제인루비는 mRNA 용량에 대해서 다음과 같은 사실을 밝혔다.

"모든 백신 바이알(주사용우리병)이 모두 같은 용량을 포함하고 있는 것이 아니다. 어떤 사람들은 식염수 백신을 접종받지만 다른 사람들은 5, 10, 20, 30 마이크로 그램의 mRNA를 접종 받는다. 추가접종(부스터 샷)의 일부 약병에는 100 또는 250 마이크로그램의 mRNA가 함류되어있다. 이것은 목숨을 건 게임인 러시안 룰렛(Russian Roulette)와 같다. 만약 추가적으로 백신을 접종한다면, 그것들은 인체 내에 꾸준히 축척되며 인체 내 용량을 계속 업데이트 시킬 것이다."

아리야나 러브(Ariyana Love) 박사는 백신 속 스파이크 단백질이 접종자의 세포 안으로 진입해서 세포 핵까지 도달해서 손상된 DNA를 복구하는 세포기능을 망가뜨리기 때문에 엄청난 일이라고 주장했다. 그녀는 그들이 고의적으로 DNA치유능력을 담당하는 인간 DNA를 백신이 영구적으로 삭제하고 있다고 주장했다.

넷째, 어떤 백신에는 많은 양의 산화그래핀이 들어있다.

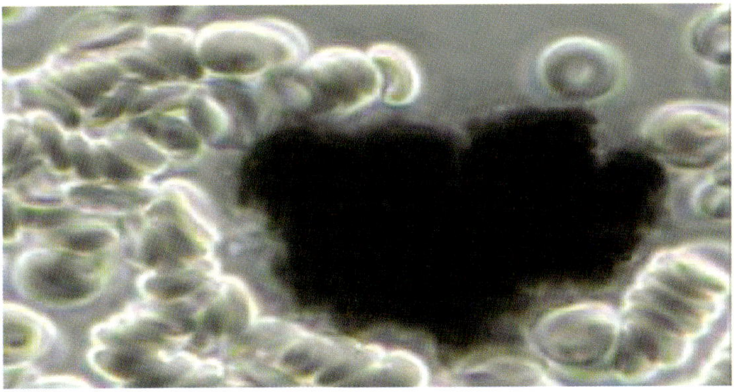

(산화그래핀이 일으키는 롤리오 현상)

위의 모습은 pHase 대조 현미경을 사용하여 찍은 염색되지 않은 살아있는 인간 혈액에서 관찰한 환원된 산화 그래핀 옥사이드(rGO) 클러스터의 현미경 사진이다. 적혈구가 그래핀 옥사이드 주변에서 사슬 모양으로 응고되고 있다. 이 사진을 통해서 우리는 그래핀 옥사이드가 적혈구에 얼마나 큰 영향력을 끼치는지 알 수 있다.

로버트 영 박사의 발견은 두 달 전 음모론으로 몰렸던 생물통계학자이자 라퀸타콜롬나(La Quinta Columna) 협회의 설립자 리칼도 델가도(Ricardo Delgado)의 주장을 확인시켜주었다. 2021년 여름 스페인의 시사 토크쇼에 출연해서 충격적인 사실을 주장했다.

“주성분과 반응하지 않는 RNA의 작은 흔적이 있습니다. 유리병의 98~99%가 정확하게 산화 그래핀, 즉 백신의 주성분이 산화 그래핀입니다.”

그런데 문제는 백신속 산화 그래핀이 신체의 혈관을 절단하는 면도칼과 같은 역할을 한다는 것이다. 이 사실은 2021년 11월 23일 독일 화학자 안드레아스 노악(ANDREAS NOVAK) 박사에 의해 밝혀졌다. 그는 이 사실을 이렇게 설명한다.

“연구된 모든 백신에서 하이드록시(수산화)그래핀이 발견되었습니다. 산화 그래핀은 혈류에서 약 50mm 너비와 0.1mm 두께의 구조를 형성합니다. 매우 가늘지만 매우 강합니다. 혈류에서 작은 면도날처럼 작용하여 혈관을 절단할 수 있습니다. 한 번 혈류에 들어가면 영원히 거기에 있게 됩니다. 혈관에 미치는 영향은 누적됩니다. 혈류에 오래 머무를수록 더 많이 시간이 지남에 따라 혈관이 손상될 것입니다. 혈액 흐름이 빠를수록 면도기가 더 많은 손상을 입힐 수 있습니다. 화학자로서 이것을 혈액에 주입하면 살인자입니다. 백신 제조사와 정치인에게 물어볼 질문은 다음과 같

습니다. 왜 이 면도날이 백신 안에 들어 있습니까? 그들이 백신 안에 있는 것을 어떻게 정당화할 수 있습니까?"

그는 수산화 그래핀에 대해서 폭로한 후 3일 후 불가사의하게 죽임을 당했다. 그의 임신한 그의 아내는 영상에서 "그래핀 하이드록사이드 폭로영상 촬영 당일 호흡곤란 증세를 보였고 2021년 11월 26일 이른 아침을 숨을 거두었다고 밝혔다. 그녀는 자신의 남편이 지향성 에너지 무기로 인해 사망한 것으로 생각했다. 어쩌면 노악박사의 말처럼 뇌사하는 사람들과 심장마비로 쓰러지는 사람들이 이 수산화 그래핀의 공격을 받은 것일 수 있다.

다섯째, 여러 중금속이 들어있다.

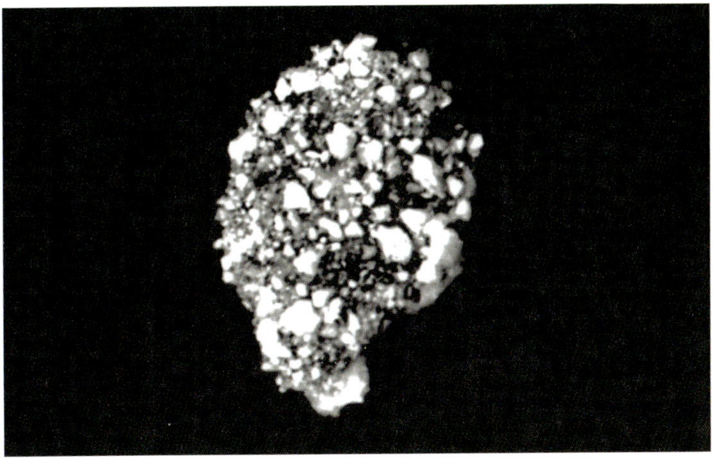

(스테인리스 강 응집체)

위의 사진은 탄소, 산소, 철 및 니켈이 그리핀 옥사이드로 단단히 뭉쳐진 스테인리스강(Stainless Steel) 응집체의 모습이다. 백신 안에는 의외로 다양한 물질들이 있다. 그런데 이 물질들이 그리핀 옥사이드와 합쳐질 때 코로나바이러스의 스파이크 단백질이 만들어내는 부작용을 똑같이 만들어 낼 수 있다.

여섯째, 기생충이 들어가 있다.

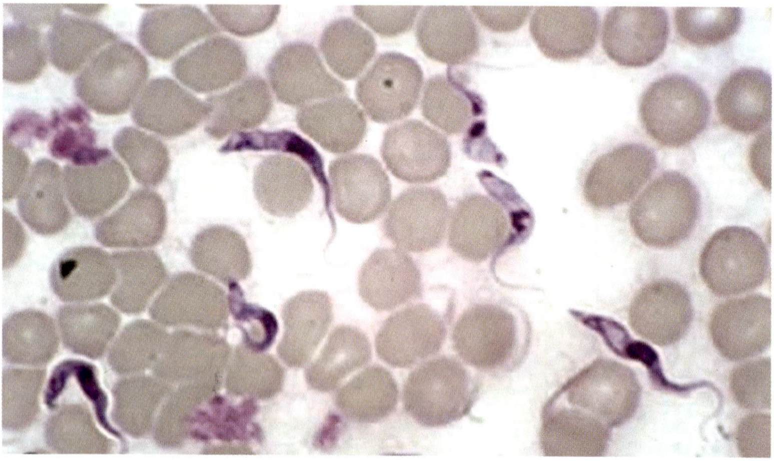

(닥터 영이 발견한 기생충)

위 모습은 로버트 영 박사팀이 pHase 대조 현미경으로 본 살아있는 혈액의 트라이파노소마 크루지 기생충(Trypanosoma cruzi parasite)의 사진이다. 네이버에서 찾은 글에는 이 기생충이 안구에 침입(대부분 안구:침노린재는 눈두덩을 자주 물음)하면 그 사람은 권태(귀찮음), 발열, 뇌염증세, 간 비대, 안구 손상, 림프관절종창, 심근염, 심근경색 등을 일으키며 감염자 중 10%가 급사(急死:갑자기 죽음)한다고 알려져 있다고 한다.

일곱번째, AIDS와 암을 일으키는 박테리아가 있다.

(스튜 피터스 쇼에서 증언하는 아리아나 러브 박사)

핀란드의 전인치유 의사 아리아나 러브(Dr. Ariyana Love) 박사는 한 30개 정도의 과학 동료 평가 저널들을 조사했고 NIH 앤서니 파우치와 부분적으로 Darpa의 지원을 받은 기능획득 연구 보고서들을 조사하는 과정에서 여러 놀랄만한 사실들을 발견했다.

미국 특허 20140017278은 26형 아데노바리러스와 35형 필로바이러스고 백신은 에볼라와 마르부르크 스파이크 단백질 코드를 접종자의 세포에 삽입해요. 존슨앤 존슨 백신입니다. 즉 백신이 몸에 들어가서 특허에 언급된 E1, E3, E4 유전자를 삭제하는 겁니다. 연구결과, 이 유전자들의 삭제는 AIDS를 유발하고, 혈액의 응고 및 혈전증을 일으켜요. 존슨앤존슨의 26형 아데노바이러스 벡터는 인간의 E1유전자(X염색체)를 지워버려요. E1 없이는 세포들이 자살하기 시작해요. 이것은 AIDS입니다. 영구적 불임. 혈중 산소를 부족하게 해서 암이 빨리 자라게 해요. 백신 접종자는 만성질환, 신경장애, 만성전염병, 장애등 신경계 기능장애와 관련된 많은

질병을 평생달고 살게 됩니다.

마르부르크와 에볼라 바이러스는 둘 다 대장균으로 만듭니다. 대장균은 인구의 36%에게 치명적입니다. 이렇게 인간의 유전자와 지능을 지워가고 있어요. 우리몸의 자가치유 시스템을 망가뜨리고 있어요. 유전자를 삭제하면 몸의 수분 생산샘이 타격을 받고 혈액응고와 혈전이 생겨요. 이런식으로 그들은 유전자를 삭제해서 몸을 망가뜨립니다. 또 세포간 신호체계를 교란시키고 면역체계를 억제하는 것은 당연하지요. 그래서 코로나 유사증세라고 부르는 만성 기관지병이 생기는 겁니다. 유전자 상실은 엡스타인-바 바이러스를 유발하고 어린이 백신 피해사례 1위예요.

제 생각으로는 치료제로는 기생충을 죽이는 것은 다 효과가 있을 것 같습니다. 바이러스가 아니라 기생충으로 사람들을 감염시키기 때문입니다. 키메라와 DNA가 변형된 기생충이 병원균을 운반합니다. 그래서 기생충 죽이는 것은 다 좋습니다. 이버맥틴, 하이드록시클로로퀸이 그런 기능을 합니다.

여덟 번째, 낙태 세포주가 들어가 있다.

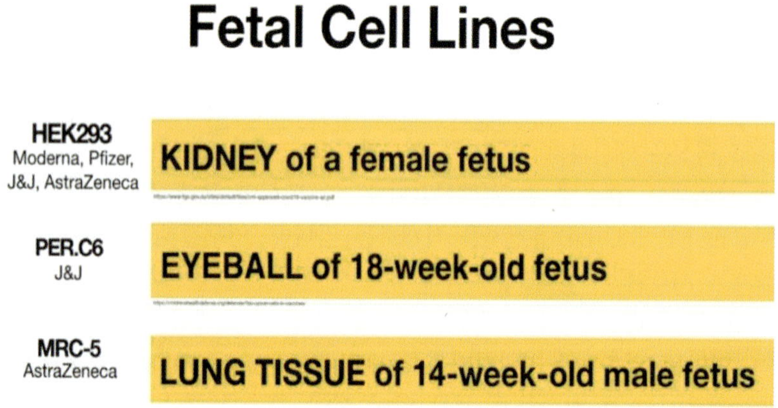

(백신에 들어가 있는 낙태된 태아의 세포주)

유명한 산부인과 의사이자 뉴욕타임즈 베스트셀러 작가인 크리스티안 노스럽(Christian Northrop) 박사는 이렇게 증언했다.

화이저 백신에는 14주된 백인 태아의 폐 섬유아세포가 있습니다. MRC5 세포주는 낙태된 태아 세포주로서 1960년대에 끔찍한 방법으로 확보되었습니다. 이탈리아의 Corvelva 연구소는 백신에 들어있는 모든 DNA의 게놈을 조사했습니다. 이 낙태아 세포라인 백신을 오염시킬 뿐만 아니라 이 세포주가 제약회사의 보관 용기에서 끝없이 복제되고 있으며 그 과정에서 돌연변이가 일어나고 DNA에 이상마저 생기고 있습니다. 현재 이 낙태아 세포주에는 종양 유전자 572개가 있습니다.

아홉 번째, 나노봇이 들어가 있다.

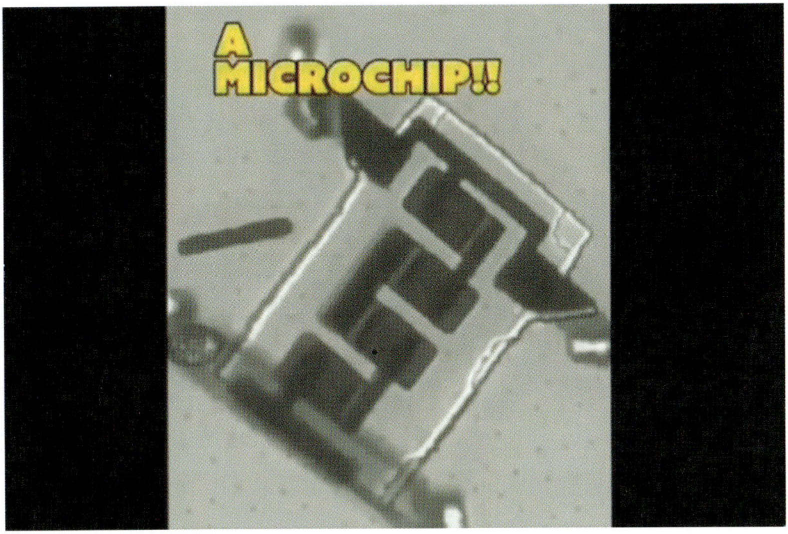

(인간의 혈관에서 작동할 수 있는 나노봇)

캐리 마데(Carrie Madej) 박사 그 동안 빅테크(Big Tech)가 빅파마(Big Pharma)와 협력하여 백신을 통해 우리의 DNA를 변경하고 우리를 하이브리드 합성인간을 만들 수 있다고 여러 차례 경고하였다.

2021년 7월에 그녀가 한 연구소의 부탁으로 모더나와 존슨엔존슨 백신의 성분을 분석하는 기회를 가졌다. 그녀는 냉장고에 보관되어 있던 약병을 꺼내 2시간 후에 400배 확대한 현미경 슬라이드에 방울을 떨구고는 현미경 불빛을 밝히고 이미지를 확대하여 관찰했다. 그녀의 증언에 따르면 그 안에서 로봇처럼 움직이는 물체가 있었다.

이런 원형(RING)들이 많고 시간이 흐르면서 원형물체가 점점 가늘어지고는 가늘어지다가 넓게 퍼지고는 결국 젤(GEL)형태의 물질을 뿜어내더라고요. 그게 뭔지 정확히 모르지만 이 원형으로부터 온갖 다양한게 나왔어요.

일종의 운반 시스템 같아요 그 일을 얘네가 담당하는거예요 그리고 이 원형 중 하나는 보니까 유기체같은 물체가 붙어있었죠. 투명한 유기체였는데 그 원형둘레를 왔다갔다 하더라고요. 전 모르겠어요 처음에는 단순히 다른 종류의 물기생충인 줄 알았어요. 그런데 움직임을 더 유심히 관찰하니까 얜 좀더 로봇같은 움직임으로 움직이더라고요 실제로 이미 나노로봇을 만들 수 있는 기술력이 존재하니까요 충분히 가능한일이죠. 관련 자료를 드렸는지 모르겠는데 단 하나의 주사바늘 안에 백 만 개의 나노로봇을 넣을 수 있어요.

그것들은 다른 것들로 결합, 재결합, 해체 할수 있습니다. 그리고 인공지능과 연결되는 기능을 가지고 있습니다. 인간의 몸 속 하이드로젤에 저장된 정보가 스마트폰과 클라우드, 또는 다른 스마트 기기에 연결되고 나면 하루 24시간, 주7일 일년 365일 작동합니다. 이것이 우리의 사생활을 어떻게 바꿀까요?

이미 나노봇에 대한 기술은 많이 알려져 있었다. 그리고 나노봇을 인간을 치료하는데 사용하는 것에 대한 연구가 활발했었다. 그런데 이들은 이 기술을 악용해서 자신들의 목적을 이용하려고 하는 것으로 보인다.

열번째, 기이한 생명체가 들어있다.

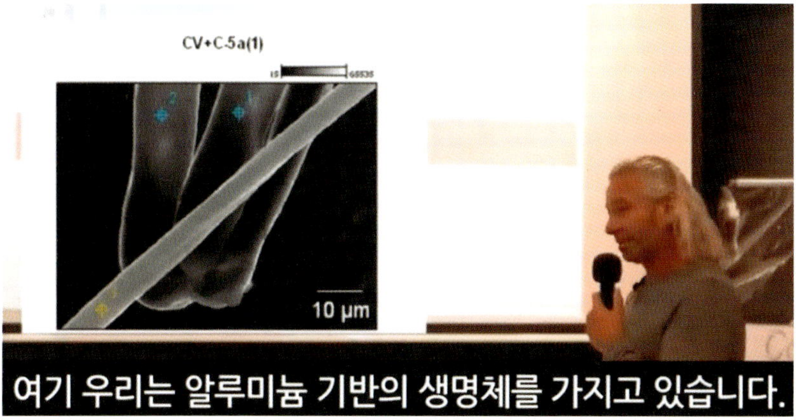

(프랭크 잘레브스키가 발견한 기괴한 생명체)

프랭크 잘레브스키(Franc Zalewski)는 여태껏 발견하지 못했던 생명체를 발견했다. 이 생명체는 한 개의 머리와 머리의 길이보다 10배가 되는 다리를 세 개 가지고 있었다. 그는 이 생명체는 알에서 부화한 후 상온의 환경과 그래핀이 풍부한 환경에서 활성화하고 성장했다. 매우 독특한 점은 이 생물체가 인간이 기존에 알고 있었던 생물체가 아니라는 것이었다.

나는 머리(1)와 다리 (2), (3), (4)에 대한 검사를 수행했고 결과는 다음

과 같습니다. 이것은 알루미늄, 브롬, 그리고 탄소로 만들어졌습니다.

이것은 인간이 이전에 알고있던 생명체가 아니다. 이것이 무엇이건 간에 한 가지 확실한 것은 이 물질이 인간에게 유익을 주려고 삽입한 것은 아니라는 것이다.

열한번째, 히드라가 들어가 있다.

(캐리 마데 박사가 발견한 히드라)

캐리 마데 박사는 글로벌리스트들과 엘리트들이 트렌스휴머니즘을 통해 인류를 통제하려는 사실을 오래전부터 알고 있었다. 왜냐면 그들이 함께 하자는 제의를 그녀에게 했었기 때문이다. 그러나 그녀는 그 제안을 거부하고 오래전부터 그들의 계획을 폭로한 것으로 유명하다. 그녀는 현미경을 통해 코로나 백신에서 히드라를 발견한 후에 스튜 피터스 쇼에서 다음과 같은 사실을 폭로했다.

"히드라는 트랜스 휴머니스트(Transhumanist)들이 특히 열렬하게 연

구하는 생물입니다. 왜냐하면 히드라는 적어도 실험실 환경에서는 불멸의 생물이고 자체적으로 끊임없이 줄기세포를 생성하기 때문입니다. 히드라를 자잘하게 조각내도 몇 번이고 다시 재생하고 촉수 하나를 잘라내도 그 자리에 새로운 촉수가 자라납니다. 그래서 트랜스휴머니스트들은 인간 게놈안에 히드라의 DNA를 넣는게 소원이죠.

그들이 또 관심을 갖는 히드라의 특성은 히드라가 자기들만의 신경망을 형성할 수 있다는 점입니다. 히드라 촉수는 뇌를 대신하는 신경망 역할을 합니다. 어떻게 보면 인간과는 다른 원리로 생각하는 생물입니다. 게다가 히드라 신경망은 인간의 신경세포와 유사하게 생겼어요. 그들만의 신경망이 우리 몸속에 구성한다면 진동이나 주파수나, 5G, 혹은 빛이나 자석으로 외부에서 영향을 줄 수 있습니다.

(백신에 관련해서) 이 모든 것을 주도하는 세력의 구성원들을 보았더니 트렌스휴머니즘 추진세력을 보았고 왜 이들이 히드라에 관심을 두는지 이해하기 시작했어요.

원형의 운반시스템은 무엇이며 그 안에 든 물질은 무엇일까요? 왜 우리가 테스라포레시스 같은 현상을 목격하고 있는거죠? 인공 네트워크가 구축되고 있어요. 전선과 튜브와 각종 인프라요. 그들은 인간의 몸 속에 인공지능 네트워크를 집어넣으려고 하는거예요. 우리는 앞으로 무슨일이 일어날지 몰라요. 이것은 가장 거대한 실험이에요. 이 일에 대해서는 함께 힘을 모아야 인권을 보호할 수 있고 신체의 자유도 보호할 수 있어요. 왜냐면 우리의 미래가 위험하기 때문이죠."

그녀의 주장은 일반인들이 받아들이기 매우 어렵다. 그러나 여러 특허를 살펴보면 인간의 기술력이 이미 그녀가 주장하는 단계에 다다랐고 언제든지 실험을 통해서 보완하면 대중에게 사용할 수 있다는 것을 알 수 있다. 우리는 이미 공상과학 영화와 같은 일들을 지금 목도하고 있다.

열 두 번째, 루시퍼레이스(Luciferase)가 들어있다.

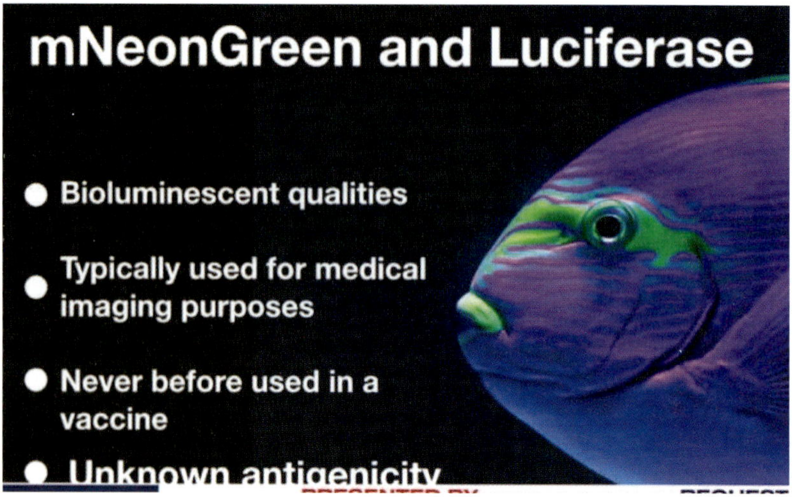

(어류에서 발견되는 루시퍼레이스)

네이버 지식백과에는 루시퍼레이스(Luciferase)를 다음과 같이 설명하고 있다.

루시퍼레이스는 생물발광(bioluminescence)을 일으키는 산화효소로서, 기질인 루시페린(Luciferin)을 이용한다. 발광세포 안에서 루시퍼린이 ATP에 의해 활성화되어 활성루시페린으로 전환되고, 이것이 발광효소인 루시퍼레이스와의 산화반응을 통해 산화루시페린으로 되면서 화학에너지를 빛에너지로 전환시켜 빛을 발생한다. 이러한 생물발광은 해양동물, 반딧불, 버섯 그리고 발광세균에서 발견된다. 특히, 발광세균에는 Photobacterium 속, Aliivibrio 속, Vibrio 속 등이 포함된다. 대부분 해양 환경(해수, 해양퇴적토)에서 서식하며 해양동물, 일부 어류 및 오징어의 발광기관에서도 발견이 된다.

캐리 마데 박사는 루시퍼레이스가 우리의 피부 밑에 있어서 누가 백신을 접종했는지 안했는지를 식별할 수 있게한다고 주장했다. 그뿐만 아니라 그녀는 이 기술을 통해 백신기록을 저장하고 아이디, 숫자, 바코드, 상표, 낙인, 문신들을 갖게해서 인간을 상품처럼 관리할 수 있다고 했다.

과학기술은 오래전에 모든 사람을 추적하고 완벽히 통제할 수 있는 수준에 도달해 있었다. 그리고 세계 곳곳에서 이런 기술이 조금씩 쓰이고 있는 것이 보이기는 했었다. 그러나 글로벌리스트들이 이러한 과학기술의 모든 역량이 인간을 통제하는데 사용한 것을 최근까지는 보지 못했다. 코로나 백신이 등장하면서 이들이 준비해왔던 모든 것을 본격적으로 진행하기 시작한 것을 볼 수 있다. 캐런 킹스턴은 디스크 운반 시스템, 산화그래핀, 알루미늄 기생충, 히드라, 루시퍼레이스, 유전자조작, AI 등은 글로벌 리스트들이 모든 사람을 노예화하는 복종 시스템까지 연결되어있다고 한다.

최근 백신 세력들이 사악하고 치밀하게 움직인다는 사실이 2021년 11월 1일에 영국의 EXPOSE에 밝혀져서 많은 사람에게 충격을 주었다. 그들은 VAERS에서 코로나19 백신의 제조번호를 조사한 충격적인 분석을 발표했다. 그들의 분석에 따르면 백신 접종 후 보고된 사망자의 100%가 전체 수천 개의 제조번호 중에서 단 5% 미만에서 나왔다.

'제조번호(LOT number)'는 생산에서부터 사람 팔까지 백신의 유통과정을 추적하는 특정 숫자와 문자열이기 때문에 같은 제조번호는 동일한 내용물을 담고 있다.

이들은 또한 대부분의 백신이 작은 지역에 베포된 것에 비해서 이 살인적인 독성 백신은 미국 전체 50개 주중에서 38개 주에 분포된 사실을 발견했다. 그 뿐만 아니라 백신 접종 사망률이 가장 높은 상위 8개 주가 모두 공화당이 통제하는 적색 주이며, 백신 접종 사망률이 가장 높은 상위 24개 주 중 19개는 공화당이 통제하는 적색 주인 것이 밝혀졌다. 예를 들어 공화당이 통제하는 플로리다주가 민주당이 통제하는 캘리포니아 주보다 치명적인 코로나19 백신을 3배나 받았으며 예방접종/사망률이 캘리포니아보다 200% 높았다. 이 사실은 이들이 정치적인 목적을 위해서 치밀하게 움직였다는 것을 의심하게 한다.

슬로베니아의 류블라냐 임상센터에서 근무했던 전직 간호사가 코로나 백신 내용물에 대한 놀라운 폭로가 대중에게 충격을 주었다. 그녀는 카메라 앞에서 QR코드에서 번호가 '01'로 시작되는 병에는 식염수가 들어있었고, '02'로 시작되는 병에는 mRNA 물질이 들어있었으며, '03'으로 시작되는 병에는 mRNA 물질과 함께 발암물질이 들어있었다고 주장했다.

그녀는 #1으로 시작하는 플레시보 백신이 30% 있었는데 정치인들과 부자들이 이것을 맞았다고 했다. 그리고 02와 03으로 시작되는 백신을 접종받으면 2년 이내에 연조직(근육, 힘줄, 혈관) 암에 걸릴 것이라고도 말했다.

나는 그녀의 동영상을 텔레그램에서 다운로드받아서 페이스북에 올렸다. 그런데 올리자마자 페이스북은 곧바로 가짜 정보라고 막아버렸다. 누군가가 이 정보에 대해서 매우 민감하게 반응하는 것으로 보인다.

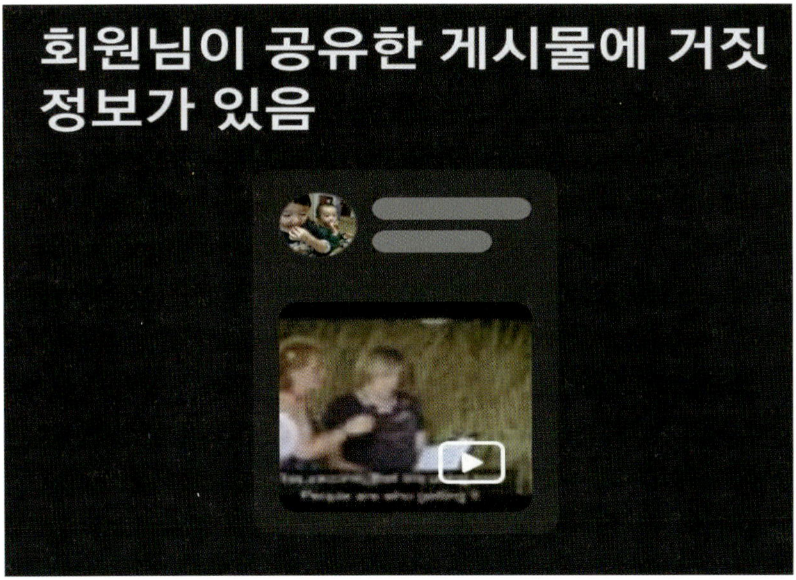

(가짜 정보로 막아버린 페이스북)

많은 과학자와 의사들 그리고 내부고발자들이 백신의 진실에 대해서 폭로하고 있지만 전 세계를 움직이는 어둠의 세력은 진실을 감추려고 모든 노력을 기울이고 있다. 그러나 현재 전 세계에서 일어나고 있는 백신 부작용은 진실을 더 감추지 못하게 할 것으로 보인다.

다음에 나오는 표는 영 박사가 만든 4가지 백신의 분석표다. 인터넷에 번역된 것이 있어서 다운로드한 것이다. 이것을 보면 백신이 사람을 살리기 위해서 만들어진 것이 아니라 치명상을 입히기 위해서 만들어졌다는 큰 그림을 볼 수 있다.

Non-disclosed Ingredients	Pfizer	Astra Zeneca	Janssen	Moderna
Aluminium 알루미늄 : 수은과 만나면 치명적	Y			Y
Bismuth 비스무스 : 금속중에 가장 강한 반자성 물질	Y			
Cadmium 카드뮴 : 이따이 이따이 병				Y
Calcium 칼슘				Y
Carbon 탄소	Y			Y
Chloride 염소	Y			
Chlorine (from saline solution)	Y	Y	Y	Y
Chromium 크로뮴 : 독성, 암유발	Y	Y	Y	
Copper 구리	Y	Y		Y
Graphene oxide 그래핀 옥사이드	Y	Y	Y	Y
Iron 철 : 산화에 이용?	Y	Y	Y	Y
Lead 납 : 중독				Y
Magnesium 마그네슘				Y
Manganese 망간 : 산화, 강자성			Y	
Nickel 니켈: 동전의 재료, 강자성		Y	Y	
Nitrogen 질소	Y			Y
Oxygen 산소	Y			Y
Oxygen chromium 산화 크로뮴				
Phosphorus 인 : 독성큼	Y			Y
Potassium 칼륨 : 나트륨과 반응, 산소와 만나면 폭발				Y
Selenium 셀레늄				Y
Silicon 규소:진폐증, 눈, 피부, 호흡기	Y	Y	Y	Y
Sodium (from saline solution) 나트륨	Y	Y	Y	Y
Sulphur 황	Y	Y		
Tin 주석		Y		
Titanium 티타늄 : 촉매역할	Y			Y
Trypanosoma cruzi (parasite) 트피마노소마 기생충	Y			
Vanadium 바나듐 : 독소	Y			

(화이자, 아스트라제네카, 잔센, 모더나 분석표)

해외에서는 이미 여러 과학자와 의사가 백신 내용물들을 밝혀서 많은 사람이 백신 위험성에 대해 경고를 받았다. 처음에는 음모론으로 생각했던 사람도 전 세계의 과학자들과 의사들이 계속해서 쏟아내는 진실과 지인들의 백신 부작용을 경험한 사람들이 음모론이 아니라 음모라고 받아들이는 사람들이 점점 더 늘어나기 시작했다. 그러나 한국에서는 2021년 말 전까지는 백신 내용물을 알리는 활동은 크게 일어나지 않았다.

2021년 12월 13일 전국학부모단체연합과 코로나진실규명 의사회 등이 함께 서울 정부청사 앞에서 백신 강제 정책에 반대하는 기자회견을 열었다. 그곳에서 이영미 의사는 특수입체현미경으로 6개의 백신을 관찰한 결과 그 안에서, 기생충과 같은 '미확인 생명체들'을 발견했다고 밝히며, 현장에서 그 영상을 공개하며 다음과 같이 주장했다.

"백신 성분을 현미경으로 봤습니다. 이 미확인 생명체들은 1cc당 300~400만 마리 정도 존재했고, 검증한 시료에 모두 들어있었습니다. 이상하게 생긴 게 머리와 꼬리 쪽에 털이 나 있어요. 우리는 지금 코로나19 백신에 대해 진실을 말하지 못하는 세상에 살고 있습니다. 코로나 19 백신에 대해 솔직한 전문가 의견을 밝히면 음모론자로 조롱받고 전문직에서 쫓겨납니다. 그러나 매일 우리 눈앞에서 소아·청소년들이 이 위험한 코로나19 백신을 접종받고 있어서 오늘 이 자리에서 진실을 밝히기로 했습니다. 백신 성분이 정확히 규명되기 전에는 소아·청소년뿐만 아니라 모든 국민에 대한 백신 접종이 중단돼야 합니다"

그녀가 미확인 생명체들이 움직이는 동영상과 함께 백신 내용물들이 폭로되자 사람들이 동영상을 나르기 시작해서 많은 사람이 공유했다. 그녀에게 박수를 보내는 사람들도 많았는데 그녀를 집요하게 공격하기도 했다.

서민교수는 "말도 안 된다. 범죄행위에 가깝다"며 반박영상을 곧바로 올렸다. 의사협회는 "잘못된 정보를 제공해 왜곡된 여론을 조장할 뿐만 아니라, 대국민 불신을 조장해 국민의 생명과 건강을 위협한다"

고 하며 허위사실 유포로 중앙윤리위원회에 제소하겠다고 했다. 또 어떤 과학자는 그것은 단지 브라운운동이라고 주장했고 유튜브도 그녀에 관련된 모든 동영상을 신속하게 삭제하기 시작했다. 확실한 검증도 하지 않고 무조건 그녀와 백신 내용물에 관한 주장을 공격했다.

그 후 강남역 제1차 자유문화제 및 백신반대 집회 때 이영미 산부인과 전문의는 자신을 변호하며 백신 속 괴생물체에 대해 더 자세하게 증언했다.

저는 97~98년에 미국 UIC(일리노이 시카고 대학)에서 Molocular Viology Lab에서 연구(Resarch)를 많이 했습니다. 제가 작성한 논문이 SCI에 게재되기도 했습니다. 현직 의사라고 너무 무시하시지 마시기 바랍니다. 처음에 그래핀 옥사이드를 확인하고자 현미경으로 관찰하다가 미확인 생명체가 가득한 것을 보았습니다. 관찰을 위해 사용한 현미경은 스테레오 마이크로스코프라는 세포를 입체적으로 볼 수 있는 특수 현미경입니다.

지난번에는 화이자 6개 시료를 봤고 이번에는 화이자와 모더나의 10개를 추가로 관찰해서 총 16개의 시료를 관찰했는데 16개 모두에서 이 미확인 생명체들이 검출되었습니다.

백신 원액 상태에서 움직이지 않던 물질들이 백신 희석용으로 나온 생리식염수를 넣고, 적당한 온도가 유지되자 활발하게 움직이기 시작했습니다.

월요일 첫 발표 후 의사협회와 정부에서 허위사실을 유포했다고 공격을 했습니다. 백신 70% 맞으면 집단면역이 형성된다는 말, 사람을 1400명 넘게 죽이고 있는 백신이 안전하다는 말을 한 문재인 대통령, 정은경 총장님, 방송에 나와 이런 말을 유포한 사람들이야말로 허위사실을 유포한 사람들입니다.

그녀의 발견은 외국의 유명한 스튜피터스 쇼에서도 소개가 되었다.

다음의 내용은 이영미 의사선생님의 발견에 대해서 스튜피터스 쇼에서 제인 루비(Jane Ruby) 박사가 전한 내용이다.

저는 어제 한국에 있는 소식통 중 한 명으로부터 직접 전화를 받았습니다. 그들은 심각하게 우려하고 있습니다. 그들은 자신을 Korea Veritas Doctors for Covid 19이라고 부릅니다. 그들은 입체현미경으로 400배 정도 확대 가능한 현미경 검사법을 사용했습니다. 화이자의 취급유의사항에 명시된 대로 이 제품은 영하32도 이하에서 냉동보관돼야 한다는 것을 알았기 때문에 이들이 한 것은 냉동의 상태로부터 사람의 체온 범위인 약 36-37도에까지 가열해 보았습니다. 그러던 중 이들의 눈에 보인 것은 어떤 형태의 물체였는데요. 이들은 현미경 아래 다른 어떤 첨가물 없이 백신 방울들을 떨어뜨린 것이라고 합니다. 이것은 매우 일반적인 관찰 방법으로써, 이들은 그 위에 시료판을 얹었습니다. 그리고 이들이 사람의 체온에 이르기까지 온도를 높여가며 관찰을 해 보았더니 이 의사들의 말에 의하면 이 물체들이 움직이기 시작할 뿐 아니라 그 형태가 바뀌는 것을 목격했다고 합니다. 또한 흥미롭게도 그동안 우리가 왜 이 물질들이 드라이아이스 속에 보관돼야 했는지 그토록 엄격한 제한온도를 두었는지 이제 우리는 그 이유를 꽤 알게 됐습니다.

이들이 보내준 7개의 사진 중 3개의 사진을 가지고 나왔습니다. 여러분에게 처음으로 보여드릴 사진은 이 둥근 원반형 물체입니다. 흥미롭게도 원들의 균일함이 보입니다. 이것들은 36도로 온도가 올라가야 움직이기 시작합니다.

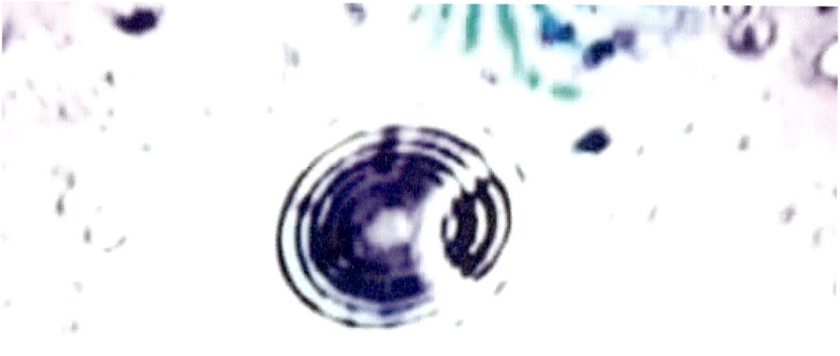

(사진1: 전문가들이 나노마이크로센서로 의심하는 물체)

또한 이 두 번째 사진이 제게는 특별히 공포스럽게 느껴지는데요. 이것은 실 모양의 길쭉한 벌레의 형태를 하고 있는 물체입니다. 유기체입니다. 그리고 빨간색 화살표가 가리키는 이 부분이 동영상에서는 사람의 체온으로 온도가 올라가자마자 어떤 특정한 방식으로 움직이기 시작하는 것을 보여줍니다.

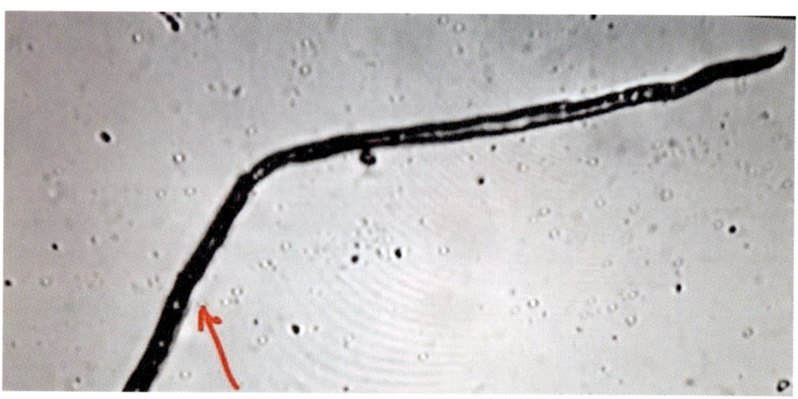

(사진2: 길쭉한 벌레의 형태을 가진 유기체)

그리고 그들이 보내준 세 번째 사진을 보면 줄무늬를 한 것 같은 두 개의 유기체가 우측하단 모서리에 보입니다. 좌측 상단 모서리에는 거의 또 다른 한쌍이 보이는데, 저는 이것들을 쌍둥이 유기체라고 부릅니다. 그들의 말에 의하면, 이 물체들은 기온이 따뜻해지면 움직이기 시작했고, 서로 결합하고 변형하면서 돌아다니기 시작했습니다. 이 의사들은 말 그대로 충격에 빠졌습니다.

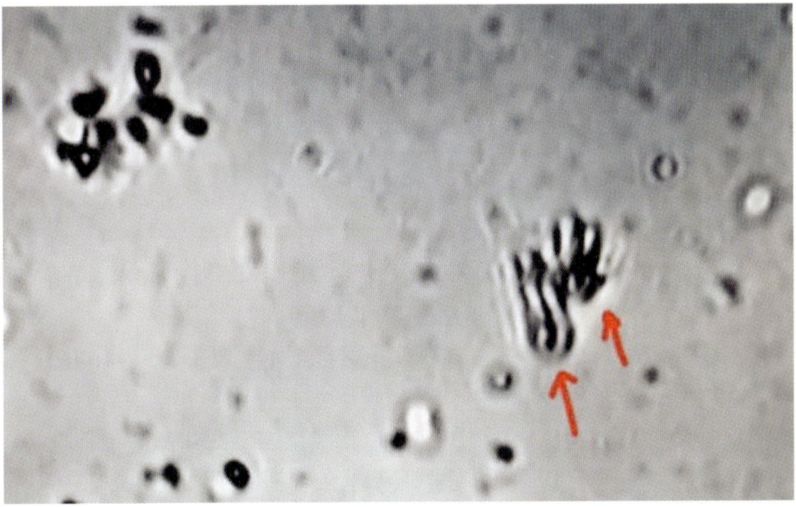

(사진3: 쌍둥이 유기체)

접종을 추천함으로써 많은 사람들로 하여금 생물학 독극물 무기를 맞게 한 이 모든 사람들이 책임을 져야 합니다. 우리는 그들의 음모를 밝혀낼 수 있습니다. 또한 미 전역에서 주검찰총장들에게 임무를 지울 수 있습니다. 우리는 이 모든 음모를 멈출 기회가 있습니다. 그리고 지금 대형회사들이 불법적으로 누리는 면책특권을 제해버릴 수 있습니다.

그녀의 주장이 언론의 탄압에도 불구하고 SNS를 통해 많은 국민이 듣게 되자 2021년 12월 20일 MBC 뉴스데스크까지 나서서 진화하기 시작했다. 그들은 이영미 의사와 스튜피터스 쇼까지 가짜뉴스라는 단호한 주장을 하면서 방송을 내보냈다.

그런데 MBC 뉴스데스크의 유뷰브 동영상에 여러 사람들이 올린 댓글들은 거의 100% 가짜뉴스라고 프레임을 씌우는 MBC를 공격했다.

- 가짜뉴스라고 할게 아니라 현미경 가져와서 확인해주면 되잖아. 이게 어려움? 양심 있는 의사분들 코로나 진상규명회 의사분들 응원하고 지지합니다.
- 공영방송이 대놓고 가짜뉴스 유포하네요. 어휴
- 의심이 나올 때마다 이렇게 하나하나 가짜뉴스라고 하는 것이 더 수상한데?
- 백신 부작용이 자신이나 자신의 가족에게 나타난다면 그사람들은 과연 그 이후에도 백신을 맞으려 할까?
- 현명한 국민 들은 이영미 선생님이 올바르다는 것을 다 압니다! 이영미선생님 용감하게 진실을 밝혀주셔서 감사합니다. 응원합니다!!
- 똑같이 백신성분을 검사하면 될텐데.. 검사도해보지도 않고.. 진실을 알리는 의사 선생님을 거짓말하는 것으로 방송에 가짜뉴스라고 한다고 진실이 거짓이 되지는 않습니다. 산부인과선생님의 용기에 감사드리며 응원합니다.
- 있다, 없다 하지말고 양쪽이 함께 공동확인해서 국민에게 함께 발표하면 의심할 일 없다.

정부에서 안전하다고 한 백신이 많은 부작용과 사망을 가져오자 대부분의 국민들도 믿지 못하게 된 것으로 보인다. 우리는 이성적이 질문을 해야 한다. 백신이 대통령과 정은경총장이 말하는데로 안전한가? 안전하지 않다면 백신 내용물에 대한 폭로가 사실이지 않을까?

2. 백신 부작용

1장에서는 백신 내용물에 대해서 살펴보았다. 1장의 내용처럼 30-50%의 백신이 식염수라고는 하지만 50-70%의 백신이 바이오무기라면 우리는 이런 질문을 할 필요가 있다. 1년 동안의 전 세계적인 백신 접종 후 이상한 현상이 일어나고 있는가? 아니면 1장의 내용이 음모론인가? 안타깝게도 백신 이전에는 없던 현상이 현재 전 세계적으로 일어나고 있다. 그런데 더 무서운 점은 이런 이상 현상이 시간이 지나면서 증폭되고 있다는 사실이다. 그뿐 아니라 이런 현상은 백신 접종률이 특별히 높은 국가에서 두드러지게 나타나고 있기에 백신 접종을 제외하고 분석한다면 도저히 이해할 수 없다. 그렇다면 백신 접종 후 일어나고 있는 현상은 무엇일까?

첫째, 갑자기 숨지거나 심장마비와 뇌경색으로 커다란 충격을 받는 사람들이 늘어났다.

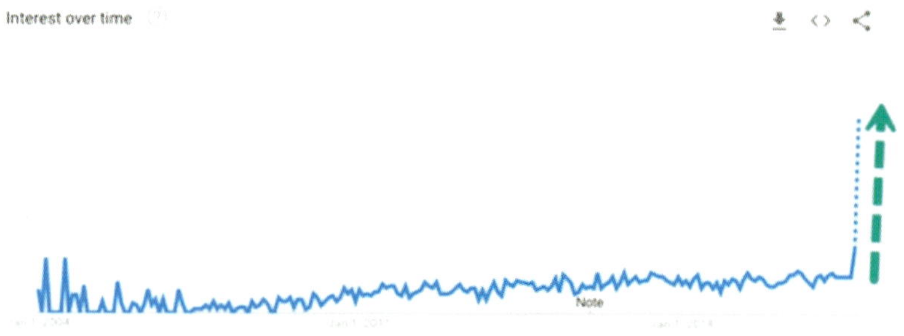

Headlines in Europe piece together a mysterious trend of people suddenly dying.

(구글 트렌드의 '급사'에 대한 검색기록)

Google 검색 트렌드를 살펴보면 "급사"에 대한 전 세계 검색 추세가 최고치를 기록했다. 이 검색이 최고치를 기록한 이유는 전 세계적으로 일어나는 갑작스러운 심장마비, 뇌출혈 그리고 이로 인한 갑작스러운 죽음 때문이다.

5-fold increase in sudden cardiac and unexplained deaths among FIFA athletes in 2021

posted by Mordechai Sones November 18, 2021 11:26 am

(FIFA 운동선수들의 사망이 2021년에 5배 오른 기사)

예를 들어 2021년도에는 피파(FIFA) 운동선수들의 갑작스러운 심장마비와 설명할 수 없는 죽음이 5배가 급증했다.

그뿐 아니라 정치인들과 언론인들이 생방송 중에서 쓰러지는 것도 종종 발견할 수 있다. 이 모든 것이 우연이라고 하기에는 석연치 않은 점이 많다. 이미 과학자들과 의사들이 백신으로 인해 이런 현상이 일어날 것을 경고했기에 백신효과라고 보는 것이 타당해보인다. 그런데 진짜 무서운 점은 이런 현상이 매년 접종이 계속해서 진행될수록 더 심각하게 일어난다.

둘째, 암이 걸리는 사람들이 급격하게 늘어났다.

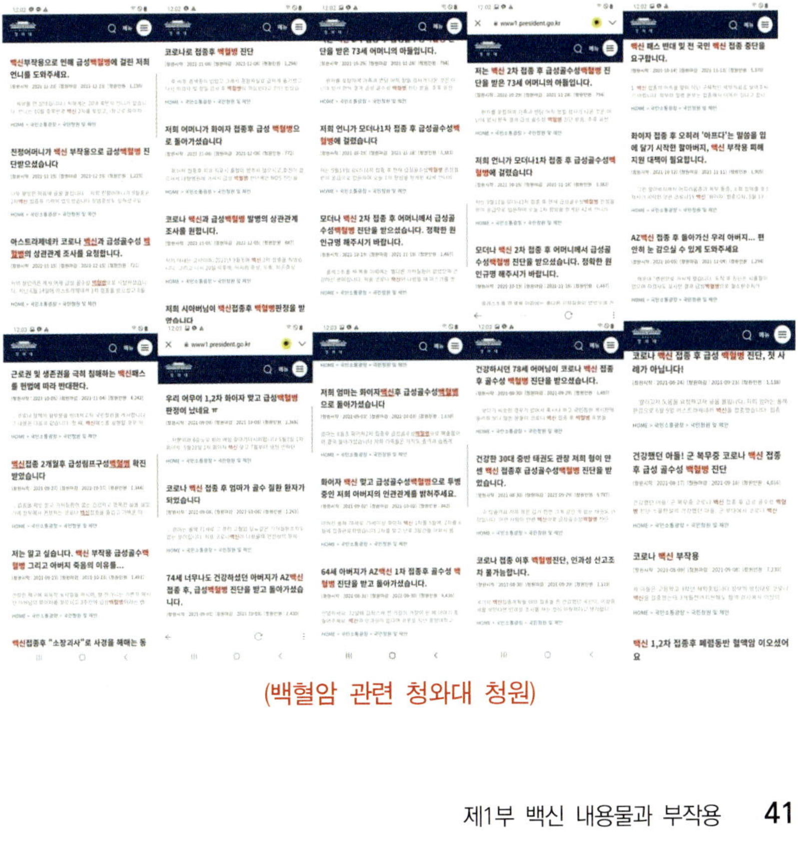

(백혈암 관련 청와대 청원)

백신 접종 후 전 세계적으로 암에 걸리는 사람들이 급격하게 늘어났다. 이런 현상은 멀리 갈 필요없이 우리나라를 살펴보아도 알 수 있다. 방역당국은 백신과 암의 상관관계를 무시를 한다. 그러나 20121년 11월에 올라온 백혈병에 걸린 것에 대한 청와대 청원을 보면 얼마나 많은 사람들이 백신을 맞은 후에 백혈병에 걸렸는지 알 수 있다. 백혈병외에 다른 암까지 포함한다면 끔찍이 많은 사람들이 백신 접종 이후에 암에 걸린 것이다.

셋째, 백신접종자들이 비접종자보다 사망률이 크게 늘어났다.

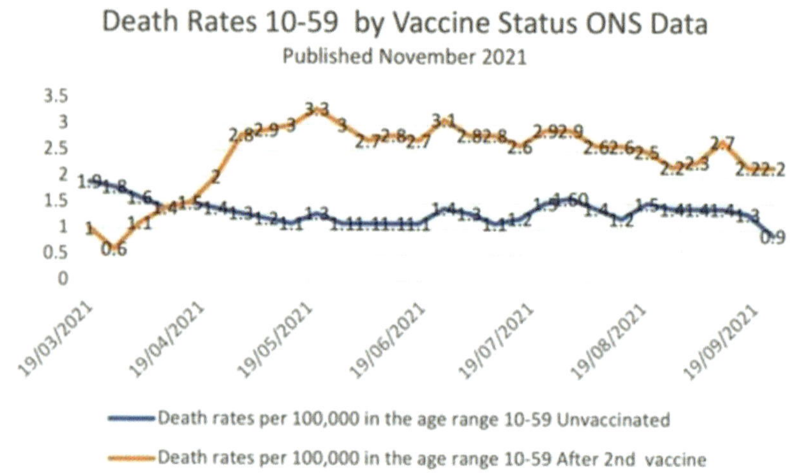

(갑자기 2배가량 늘어난 사망률)

갈색 선은 10-59세 사이의 2번이상 접종자 100,000명당 모든 원인으로 인한 주간 사망자 수를 나타낸다. 파란색 선은 같은 연령대의 비접종자 100,000명당 모든 원인으로 인한 주간 사망을 나타낸다. 위의 자료를 분석해 보면 예방 접종을 받은 60세 미만의 영국 성인이 같은 또래의 비접종자들 보다 두 배나 더 많이 사망하기 시작했다.

이런 현상은 백신접종에 열을 올린 한국에서도 동일하게 나타나기 시작했다. 올해부터 백신접종을 시작한 한국도 작년에 비해서 사망률이 급속하게 오르기 시작했다.

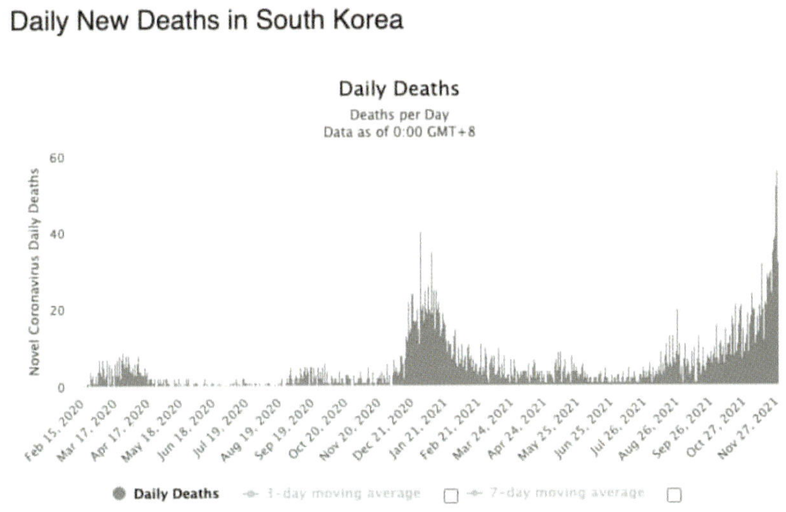

(한국의 사망률)

한국의 사망률을 보여주는 위의 표를 보아도 알 수 있듯이 한국도 2020년에 비해서 백신접종을 시작한 2021년도에 사망률이 오르기 시작했다.

통계청이 발표한 자료를 보면 2020년 2월~10월 사이 인구가 9493명 줄었다. 그러나 2021년 2월~10월 사이엔 16만3642명이 줄었다.

물론 정부가 11만명의 주민등록을 말소시키는 변수는 있었다. 그 외에 백신 이외에 특별한 변수가 없었다. 그렇다면 백신이 4-5만명 가량의 사망자를 만들었다고도 볼 수 있다.

전 세계에서 쏟아지는 뚜렷한 데이터로 인해 이 모든 것을 우연으로 모는 것은 무리가 있다. 그러나 백신 부작용을 받아들인다면 정확한 설명이 가능해진다. 많은 나라의 방역당국은 백신과 부작용의 상관성을 억누르려 하고 있다. 그러나 계속 송곳처럼 뚫고 나오는 진실을 영원히 감추기는 어려울 것으로 보인다.

넷째, 임산부의 백신접종 후 태아사망과 갓난아기들의 사망이 늘어났다.

Preliminary Findings of mRNA Covid-19 Vaccine Safety in Pregnant Person:

Metrics

October 14, 2021
N Engl J Med 2021; 385:1536
DOI: 10.1056/NEJMx210016

Preliminary Findings of mRNA Covid-19 Vaccine Safety in Pregnant Persons (Original Article, N Engl J Med 2021;384:2273-2282). In the Results section of the Abstract (page 2273), the third sentence should have read, "Among 3958 participants enrolled in the v-safe pregnancy registry, 827 had a completed pregnancy, of which 115 (13.9%) were pregnancy losses and 712 (86.1%) were live births (mostly among participants vaccinated in the third trimester)," rather than "...of which 115 (13.9%) resulted in a pregnancy loss and 712 (86.1%) resulted in a live birth (mostly among participants with vaccination in the third trimester)." In the first paragraph of the Discussion section (page 2277), the parenthetical in the third sentence should have begun, "(i.e., preterm birth, small size, ...," rather than "(e.g., fetal loss, preterm birth, small size, ..." In Table 4 (page 2280), the double dagger symbol in the Spontaneous abortion row should have followed "Spontaneous abortion: <20 wk[15-17]." The "Published Incidence" cell in the same row should have read "Not applicable," rather than "10–26," and the "V-safe Pregnancy Registry" cell should have read "104," rather than "104/827 (12.6)‡." In the table footnotes, the following content should have been appended to the double dagger footnote: "No denominator was available to calculate a risk estimate for spontaneous abortions, because at the time of this report, follow-up through 20 weeks was not yet available for 905 of the 1224 participants vaccinated within 30 days before the first day of the last menstrual period or in the first trimester. Furthermore, any risk estimate would need to account for gestational week–specific risk of spontaneous abortion." The article is correct at NEJM.org.

Related Articles

ORIGINAL ARTICLE JUN 17, 2021
Preliminary Findings of mRNA Covid-19
Pregnant Persons
T.T. Shimabukuro and Others

NEJM CareerCenter

PHYSICIAN JOBS

Gastroenterology
Gastroenterology - Sayre, PA

Obstetrics & Gynecology
OBGYN Generalists/Laborists/Safety Officers

(임산부와 코로나백신의 안전에 대한 연구논문)

뉴잉글랜드 의학저널(New England Journal of Medicine)에 발표된 새로운 연구에 따르면 코로나 백신은 미국 CDC의 주장처럼 임산부들에게 안전하지 않다. 위 자료에 따르면 임신 첫 3개월 동안의 유산은 백신을 접종한 여성의 91%에서 발생했다. 이 끔찍하게 높은 수치를 알고 있으면서 연구에 임신말기의 임산부들을 더 많이 투입하는 방식으로 데이터를 조작하면서 CDC, FDA, 그리고 연방정부가 임산부에 대한 백신 사용을 승인한 것이다. 이로 인해 많은 태아가 사산했다.

캐나다에서도 태아의 사산이 큰 충격으로 다가왔다. 가정의 의사 다니엘 나가세(Daniel Nagase)는 현재 캐나다에서 일어나는 일을 이렇게 설명하고 있다.

"온타리오 주의 워털루에서는 더욱 명확한 통계가 나왔어요. 월털루에서는 올해 1월-7월 사이에 무려 86건의 사산이 발생했습니다. 그런데 이제껏 연 평균 사산 수는 대략 5-6건이었습니다. 쉽게 말해 1-2개월마다 한 건 정도 발생하던 사산이 7개월간 86건이 발생한 겁니다. 매우 이례적인 상황이죠. 그런데 이 워털루 시의 보고서에서 확인된 가장 중요한 부분은 바로 86건의 사산 케이스 모두 (코로나19) 백신 접종 완료자였다는 사실입니다."

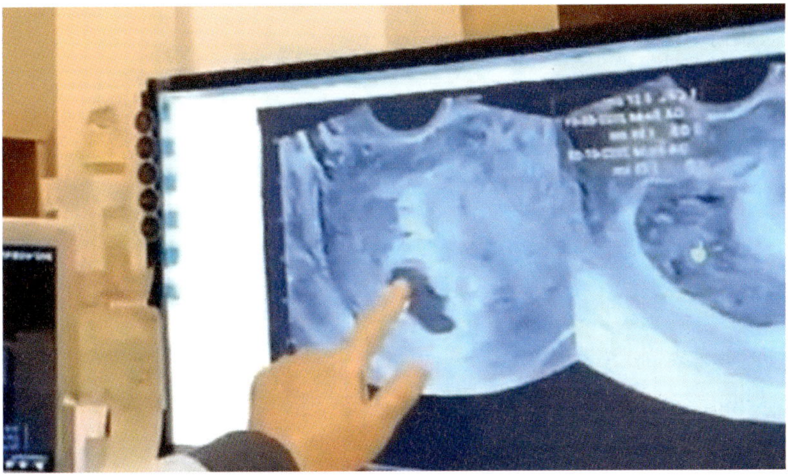

(죽은 태아의 사망을 설명하시는 이영미 의사)

위의 사진은 Facebook에 올라온 이영미 산부인과 의사 선생님의 동영상을 캡쳐한 것이다. 태아의 죽음과 백신의 위험성에 대해서 경고하는 그분의 동영상은 많은 사람의 마음을 아프게 했다.

"31년 경력의 산부인과 전문의 이영미입니다. 코로나접종직후 임신한 케이스입니다. 자궁내의 피바다속에서도 여린 어린태아는 살아남으려 최선을 다했습니다. 그러나 결국 3.5밀리 센티미터에서 심장은 멈추고 말았습니다. 여러분 코로나백신은 결코 안전하지 않습니다. 드물게는 유전자 변형의 위험성도 있습니다. 장기적 후유증은 아무도 모릅니다."

그렇다면 태아가 태어나면 안전할까? 불행히도 이러한 위험성은 무사히 태어난 갓난아기에게서도 발견되었다. 다음에 나오는 자료는 2021년에 태어난 아기들의 사망률이 나온 자료다. 그런데 이 자료를 보면 9월에 갓 태어난 아기들의 죽음이 급등한 것을 볼 수 있다.

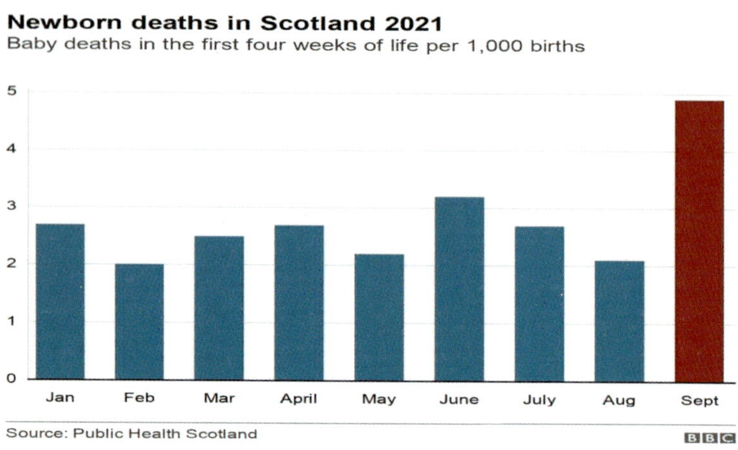

(스코트랜드의 사망률)

다섯째, 백신 접종 후 위험한 병들이 시간이 가면서 증폭된다.

Australian Government
Department of Health
Therapeutic Goods Administration

Home › Safety information › Safety information & education A- A+

Database of Adverse Event Notifications - medicines

4 medicines selected between 01/10/2021 - 31/10/2021.

2 MedDRA Reaction Terms selected.

Search results

The results are shown in two tabs.

Number of reports (cases): **813**

Number of cases with a single suspected medicine: **755**

Number of cases where death was a reported outcome: **1**

(호주의 심근염과 심낭염에 대한 데이터)

호주 보건부의 데이터베이스에서 충격적인 사실을 발견됐다. 그것은 2021년 10월에 심근염 및 심낭염이 813건 일어난 것이다. 이전의 수치와 비교해 보면 이 수치가 얼마나 충격적인 수치인지 알 수 있다.

2021년 5월: 9건
2021년 6월: 39건
2021년 7월: 121건
2021년 8월 : 283건
2021년 9월: 519건
2021년 10월: 813건
11월 1일: 45건(단일)

시간이 지나면 지날수록 늘어나는 심장병은 백신부작용 때문이라고 보는 것이 타당하다. 만약 특별한 변화가 없이 계속해서 백신접종이 진행된다면 심장병 환자들과 사망자들이 기하급수적으로 늘어나는 것은 피할 수 없을 것으로 보인다. 계속되는 접종은 불에 기름을 붓는 결과를 초래할 것이다.

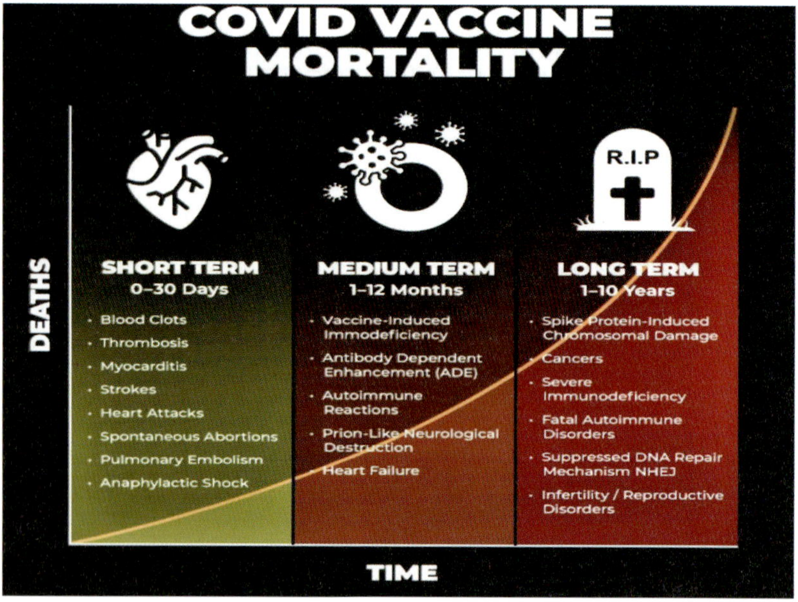

위에 나오는 표는 현재 일어나는 일을 토대로 단기, 중기, 장기 사망률을 예측한 표다. 이 표에는 다음과 같은 단기 부작용, 중기 부작용, 그리고 장기 부작용이 사망을 가져온다고 나온다.

단기 부작용(0-30일)
혈전(Blood Clots)
혈전증(Thrombosis)

심근염(Myocarditis)
스트로크(Strokes)
심장마비(Heart Attack)
자연 유산(Spontaneous Abortion)
폐색전증(Pulmonary Embolism)
아나필락틱 쇼크(Anaphylactic Shock)

중기 부작용(1-12개월)
백신으로 인한 면역결핍(Vaccine-induced immodeficiency)
항체 의존적 강화(ADE: Antibody Dependent Enhancement)
자가면역반응(Autoimmune Reactions)
프리온 유사 신경학적 파괴(Prion-Like Neurological Destruction)
심부전(Heart Failure)

장기 부작용(1-10년)
스파이크 단백질 유도 염색체 손상(Spike Protein-induced Chromosomal Damage)
암(Cancers)
중증 면역결핍(Severe Immunodeficiency)
치명적인 자가면역 장애(Fatal Autoimmune Disorder)
억제된 DNA 복구 메커니즘 NHEJ(Suppressd DNA Repair Mechanism NHEJ)
불임/생식 장애(Infertility/ Reproductive Disorder)

이 표의 예측에 따르면 위의 언급된 부작용으로 시간이 지나면 지날수록 사망자가 늘어난다. 이 예측이 맞다면 백신은 천천히 사람을 죽이는 바이오무기라고 할 수 있다.

독일 동부 작센 주 켐니츠 시에 있는 챔나이츠 클리닉(Chemnitz

Clinic)의 병원장인 토마스 젠지스(Thomas Jendges)가 자살하는 충격적인 일이 발생했다. 자살 한 현장에서 발견된 유서에서 다음과 같은 내용이 남겨져 있었다.

"백신을 접종하려는 시민들과 백신을 접종한 환자들에게 백신이 무해한 것으로 추정된다는 거짓말과 기만을 끊임없이 해야만 한다는 사실에 더 이상 견딜 수 없다. 그것은 대량학살이다! 나는 더 대량학살자의 일원이 될 수는 없다."

2021년 12월 11일에 디톡스를 원하시는 분이 약을 달라고 하셔서 그분을 만나려고 광화문에 나갔다. 그때 백신패스반대 집회가 열리는 것을 보았고 강사 중 한 명이셨던 이왕재 교수님이 강의를 하셨다. 그분의 강의를 정리하면 다음과 같다.

저는 사실 학자이기 때문에 저한테 정말 엄청나게 많은 부작용 사례들이 전 세계적으로 옵니다. 저는 최근에 정말 기가 막힌 것을 직접 확인했지만 여러분들에게 지금 언급 못합니다. 그런 것 발표해봤자 여러분들 아시는 것처럼 주류언론이 다뤄주지도 않습니다. 다 한편이 돼서 그냥 거짓 뉴스로 발로 밟아버립니다.

그런데 저는 평생을 실험실에서 산 사람으로서 정말 최근에 너무나 충격적인 사실을 확인했기 때문에 나중에 여러분께 발표할 겁니다. 이런 부작용이 나올 수밖에 없는 엄청난 일이 벌어지고 있다는 것은 확실합니다. 정말 두렵습니다.

행정안전부에 주민등록을 담당하는 그분들이 만든 통계를 작년 2020년 2월부터 10월까지 인구 동향을 보니까 6600명의 인구가 줄어들었어요. 금년 2021년 2월부터 10월까지의 인구 변화를 봤더니 너무나 놀라운 통계가 나왔어요. 행정안전부 통계를 보시면 16만 명이 줄어들었어요.

너무나 놀라워서 제가 "금년에 인구가 줄어들 만한 무슨 일이 있었습니까?" 하고 자료를 주신 분에게 물어봤더니 그동안 수십 년 동안 안했던 주민등록 말소를 금년 3월에 했다는 것에요.

그래서 "몇 명이나 했습니까?" 물었더니 한 11만 몇천 명이 주민등록 말소가 됐다는 거예요. 그런데 3월에 11만여 명이 정리되어도 작년에는 6000명 정도였는데 금년에는 약 45000~50000명 정도가 더 줄어들었다는 것이 행안부의 통계 자료에요. 이게 정부 자료란 말이에요. 그래서 제가 자세히 월별로 비교해 보니까 굉장히 재밌더라고요. 2월, 3월, 4월까지는 비슷하게 줄어들다가 5월이 되면서 갑자기 확 줄어들어요.

5월이 되면서 한 2만 명 이상 줄어들더라고요. 6월, 7월 들어서면서 딱 1만 명 이상씩 줄어드는데, 딱 보니까 백신을 2월부터 시작을 해서 한 3개월 4개월 5개월 6개월 지나면서 이렇게 확 그 사망자 수가 인구 수가 줄어드는 그런 패턴을 보이더란 말이죠.

그런데 통계청 자료는 작년에 더 많이 죽은 것처럼 되어서 조금 다르더라고요.

제가 사실은 금년에 친구, 동료, 후배들 부모님이 돌아가시는 문상을 하러 많이 갔었어요. 그런데 가서 보니까 대부분이 백신을 맞고 돌아가신 거예요. "신고했냐?" 물었더니 신고 안했다는 거예요. 그러니까 80세 이상의 부모님들이 돌아가시면 자식들이 거의 신고를 하지 않아요. 신고해봤자 얻을 게 없어요.

인과관계 당연히 인정 안 될 거라 20대, 30대, 40대 남편이나 부인이 돌아간 억울한 분들만 신고하는 거예요 보니까. 그런 분들만 통계청에 되어 있는 것이 한 1400~1500명 쯤 되죠. 그러니까 백신 부작용으로 인한 실제 사망자는 30~40배 이상 되는 거 같아요. 실제로 하버드 대학 연구에서는 백신 부작용의 1%만 보고된다고 했어요.

그래서 우리나라의 실제 통계는 1400~1500명이라고 하지만, 실제는 최소한 그것에 10배, 많게는 30~40배정도 사망자가 있는 겁니다.

독감으로 한해에 3000명 죽은 적도 있어요. 그런데 우리나라의 방역은 사망률이 70-80%의 에볼라 수준이에요!

백신을 2번 맞았는데 왜 이렇게 더 죽느냐? 여러분들 백신 맞아서 항체가 있으면 그것 경증 환자가 중증환자로 가는 거 막고, 사망을 막는 게 아니라 오히려 폐에서 염증을 강화해서 그 항체 때문에 죽는다는 거예요.

그게 지금 우리나라에서 드러나고 있는 거예요. 지금 백신 2번 맞은 사람의 80~90%가 죽고 있잖아요. 그게 바로 여러분들 뭐냐면 "항체 의존성 염증 강화 현상"이라는 거예요.

어떤 사람이 백신을 2번 맞으면 잘 죽는지, 저는 처음에는 그게 보도가 안 됐기 때문에 몰랐어요. 저는 다만 백신을 맞으면 비록 소수의 국민이지만, 죽음에서 건질 수 있다. 또는 중증이 되는 걸 막을 수 있다는 얘기까지는 제가 했어요. 그런데 이젠 그것도 그 가능성도 희박하다는 거예요. 그러니까 제가 결론으로 드리는 말씀은 우리가 힘을 모아서 최소한 대학생 이하의 젊은 학생들에게 강제로 백신을 맞추는 것은 막아야 합니다. 이런 무고한 죽음을 막아야 합니다.

이왕재 교수님은 무고한 죽음을 막기 위해서 백신접종을 멈춰야 한다고 말씀하신다. 한국과 전 세계의 수많은 나라들은 백신으로 인한 사망과 부작용을 경험했다. 부스터샷이 계속될 때 중장기 부작용이 나타나기 시작할 때 얼마나 더 많은 사람들이 죽게 될 지는 아무도 모른다.

백신의 내용물과 특허를 들여다본 사람들에 의하면 모든 사람이 동일한 백신을 받는 것이 아니다. 다양한 백신이 존재하고 있고 어떤 것을 맞느냐에 따라서 부작용이 없을 수 있고, 빨리 올 수 있고, 아니면 천천히 올 수 있다. 만약 운이 좋아서 식염수 백신을 접종받은 것이 아니라면 우리는 백신을 통해서 우리 몸에 지뢰를 심어놓았다고 볼 수 있다. 우리는 이 지뢰를 조심스럽게 거둬내야 한다. 다음 장에는 백신 디톡스에 대한 내용을 다루고 있다.

제2부 코로나 치료법

3. 코로나와의 만남

2021년 12월 6일 한 공동체에서 코로나가 발생했다. 그곳에서 생활하던 한 청년이 확진 판결을 받은 후에 함께 생활하던 18명도 검사를 받자 그 중 8명의 확진자가 나왔다. 그 중 2명과 처음 확진 판결을 받은 청년은 시설로 갔고 나머지는 가정에서 자가격리에 들어갔다. 10일만에 시설에서 돌아 온 청년은 그동안 시설에서 있었던 경험을 알려줬다.

(청년이 격리 되었던 방)

저는 2021년 12월 8일에 코로나 확진 판정을 받고, 격리시설에서 10일간의 격리 후 2021년 12월 17일에 다시 일상으로 돌아오게 되었습니다.

PCR검사를 받기 전날인 12월 6일 오전부터 목에 가래가 끼기 시작했습니다. 그리고 밤이 되면서 몸에서 열이 나기 시작하면서 감기몸살증상(열, 두통, 근육통 등)이 나타나기 시작하였고, 7일 오전에 PCR검사를 받은 후, 8일에 코로나 확진판정을 받게 되었습니다. 그리고 그날 저녁 8시 30분쯤 구급차를 타고 임시격리시설로 이동을 하게 되었습니다. 도착하자마자, 산소포화측정, 혈압, 체온을 셀프측정하여 담당자에게 문자로 보내주었는데(몸에 증상이 온지 3일 째) 체온이 37.8도로 열이 조금 높은 상태였습니다. 그리고 그렇게 격리 2일차인 다음 날이 되어 오전에 전날에 도착하자마자 했던 3가지를 체크를 다시하게 되었습니다. 전날과 다르게 이번에 측정했을 때는 체온이 36.8도로 정상 체온으로 돌아왔고 몸의 컨디션도 전날보다 호전되는 걸 느낄 수 있었습니다.

임시격리시설에서 지낸 지 3일 째 되는 날 오후에 일반격리시설(아산경찰인재개발원)로 후송차량을 타고 이동을 하게 되었습니다. 도착하자마자 폐(X-ray)촬영을 하고 격리시설에서 격리하는 동안 해야 할 내용들을 브리핑 받은 후에 배정받은 방으로 들어갔습니다.

각 방은 2인실로 이루어져 있었고, 저와 같은 날 입실한 확진자분과 함께 지내게 되었습니다. 그 확진자분은 공무원이며 백신 2차 접종자였습니다. 이번에 근무하는 직장에서 23명의 확진자가 나왔는데 그 중 본인 포함 백신 2차 접종자 22명, 미접종자 1명이었다고 합니다. 그분은 백신을 접종하면 코로나에 걸리지 않는 것으로 알고 있었는데 이번에 걸린 후 분개했습니다.

격리시설에서는 하루에 오전 오후 두 번 자신의 상태를 셀프측정(임시격리시설과 동일)후에 본인에게 현재 나타나는 증상체크를 해서 약 처방 유무를 앱으로 보내고 그 외 시간은 정해진 시간에 배분하는 도시락을 먹으며 방에서 격리하였습니다.

격리 되었던 비슷한 시기에 코로나 확진 판정을 받은 미접종자 지인이 있었는데 격리시설에서 주는 진통, 해열제만 먹었습니다. 그러나 열이 39도로 올라가서 내려가지 않고 시간이 지날수록 더욱 악화되었습니다. 결국 기침이 멈추지 않고 피가 섞인 가래침까지 나오게 되었습니다. 그래서 의료시설로 들어가게 되었고 검사결과 폐렴 위증 환자로 구분이 되었다고 합니다.

저는 코로나 확진 판정을 받고 6일째 되는 날부터 몸의 상태가 후각 기능을 제외하고 거의 정상적으로 돌아오는 것을 느끼게 되었습니다. 이번에 코로나 초기 증상이 있을 때부터 확진 판정을 받아 격리 해제 되는 기간 동안, 지인으로부터 받은 조기치료제 (하이드록시클로로퀸, 아연, 아스피린)를 몸에 감기 증상처럼 반응이 나타났을 때부터 복용하였습니다. 확진 판정을 받기 전날부터 임시격리시설로 가게 되고 일반격리시설을 가기 전날인 4일 정도는 감기몸살을 심하게 앓은 것처럼 고생을 조금 하였는데, 5일 차부터는 몸이 많이 호전되는 것을 느끼고 위에서 이야기한 것처럼 6일 차부터는 거의 몸 컨디션이 정상으로 돌아오게 되었습니다.

격리 해제 후 지금은 대부분 확진자가 후유증으로 남는 후각 기능이 마비된 것을 제외하고 몸도 정상 컨디션을 유지하고 있고 후각 기능도 조금씩 회복하는 것을 느끼며 일상생활을 하고 있습니다.

12월 19일에 두 명이 격리시설에서 나왔다. 그들이 돌아와서 이것저것 이야기를 해주었다. 둘 명 다 한 방에 두 사람이 함께 생활했다고 했다. 한 명은 방에서 자유가 있었는데 다른 명은 방에서 생활하기가 쉽지 않았다고 한다.

"우리 방은 누군가 CCTV로 감시했어요. 마스크를 잘 착용하지 않으면 CCTV로 우리 모습을 본 누군가가 소리쳐서 마스크를 잘 착용해야 했어요. 제 방에는 연세가 55세 되시는 목사님이 함께 계셨어요. 그분은 백신을 두 번 맞으셨지만 시간이 지날수록 열이 매우 높아지고 몸이 매우 좋지 않아서 앰블런스가 와서 병원으로 데려갔어요. 격리시설에서는 특별한 치료는 없었고 타이레놀 같은 것만 제공받았습니다."

미국 집에도 아내에게서 아이들이 감기에 걸렸다는 소식을 들었다. 나는 병원에 가서 검사하지 말고 심한 아이는 코로나 조기 치료제를 주라고 했다. 다음은 아내가 페이스북에 올린 아들 넷과 함께한 코로나 감염 후기다.

12월 7일 새벽 1시쯤 둘째 아들(10세) 갈렙이가 머리 아프가 아프다고 해서 열을 재보니 고열이 있었음. 하루 내내 구토하고 39.4도의 고열에 힘들었음. 7일 밤 11시쯤에 마지막으로 토함. 그때부터 비타민 C. D. 아연, 하이드록시클로로퀸을 복용하기 시작했음. 다른 아이들도 C. D. 아연 먹기기 시작했음

12월 8일 아침부터 갈렙의 고열이 미열로 내렸음. 첫째(12세) 에녹이와 셋째(6세) 요한이가 학교에서 돌아온 후 열이 시작했음. 저녁부터 막내(3세) 기쁨이도 열이 시작해서 셋 다 고열의 밤을 지냈음.

12월 9일 아침부터는 나도 열나기 시작함. 갈렙이는 열이 떨어졌고 점심부터는 에녹, 요한, 기쁨이는 미열로 떨어짐. 나는 골반부터 무릎까지 근육통이 시작함. 그날 하루 기쁨이 혼자 놀고 형 셋 다 누웠음.

12월 10일 아이들 열 다 내림. 갈렙이는 정상. 에녹이 요한이 기쁨이는 기침 시작함. 기침약 효과 없음. 나는 미열(38.4). 근육통. 기침에 시달렸지만 열이 38.5도 이상으로 넘어간 적 없음.

12월 11일 나의 근육통과 열이 사라짐. 기침만 나옴. 기쁨이가 심한 기침을 시작함. 밤에 기쁨이만 고열. 기침약 효과 없음. 그날 뭐 시켜먹었는데 너무 맛이 없어서 식당 욕했음. 그때 미각감퇴인걸 몰라서 식당을 욕했음. 나는 기침이 심해서 하이드록시클로로퀸 대신 NAC/Quercertin 표시 있는 약으로 바꿈.

12월 12일 아침에 후각 잃는 것과 미각감퇴 사실을 알게 됨. 기쁨이 심한 기침하고 밤에 고열이 있었음. 기침약 효과 없었음. 사진속 NAC/Quercetin 표시있는 약을 삼분의 일 정도 처음으로 기쁨이에게 먹임.

12월 13일 아침에 NAC/Quercetin 약을 기쁨이에게 더 먹임. 나와 에녹이 그리고 요한이에게 약한 기침이 있음. 오후부터 기쁨이의 기침이 많이 좋아짐. 밤에 열이 없고 기침도 거의 없어 드디어 잘 잘 수 있게됨. 나의 기침도 밤에 사라짐.

12월 14일 나, 에녹이, 그리고 막내아들 기쁨이에게 가래 없는 약한 기침만 있음. 나와 에녹이만 후각상실과 미각감퇴가 생긴 것 같음. 셋째 요한이는 약 먹기 싫어해서 사이즈 작은 비타민D 만 먹었는데 증상이 약하게 나타나서 다른 약은 강요 안했음. 이겨냈고 빨리 회복 되었음.

12월 16일 둘째, 셋째 ,넷째는 기침조차 없이 100% 나았어요. 첫째와 저는 가끔 기침이 있어요. 첫째한테 후각 미각 아직 안 돌아오고 저는 절반 돌아왔어요. 어제 고등어 냄새 맡고 오늘 마늘 냄새도 맡았습니다!! 음식도 맛있어졌어요~

12월 18일 저는 후각 미각 다 돌아왔습니다! 첫째 에녹이는 아직 돌아오지 않았습니다. 다른 애들 다 건강한 원래 상태로 돌아왔습니다!! 이틀 후부터 남에게 피해 안주고 다닐 수 있습니다.

코로나 시작부터 2년 동안 아픔 없이 지냈다가 약들이 있을 때 걸린 것도 감사할 일입니다. 남편이 약들을 준비해주어서 큰 어려움 없이 짧게 지나간 것 같습니다.

이번에 걸렸던 감기가 옛날에 경험했던 독감보다 더 심하지 않았다. 그런데 아내와 아이들이 걸렸던 감기가 코로나였다는 것은 같이 살고 있는 집주인을 통해서 알게 되었다. 우리는 싱글맘인 난(Nan)이란 중국인의 집에서 한 부분을 얻어서 월세를 사는데 집주인도 12월 9일에 감기가 시작했다. 그런데 그녀는 감기약과 친구에게서 얻은 중국 한약만 먹었다. 우리가 코로나 약을 먹으라고 말했지만 원치 않았고 12월 14일이 되었는데도 낫지 않고 심해졌다. 그래서 그녀는 병원에 가서 코로나 검사를 했는데 다음에 나오는 양성판정을 받았다.

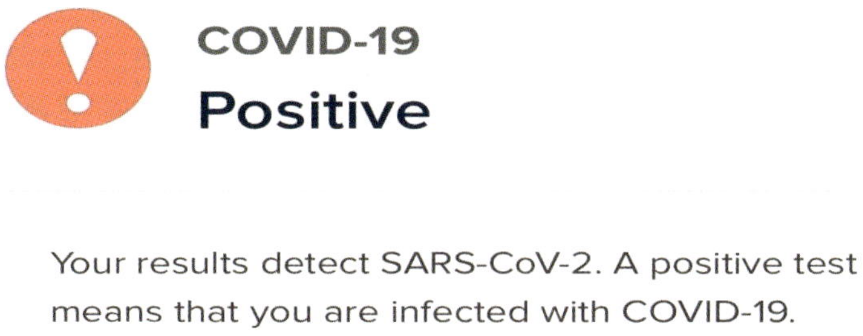
COVID-19
Positive
Your results detect SARS-CoV-2. A positive test means that you are infected with COVID-19.

(난(Nan)이 병원으로부터 받은 양성결과)

아내는 난에게 계속해서 조기치료제를 먹으라고 했는데 고집을 부리며 먹지 않았다. 그런데 오늘 아내에게서 다음과 같은 카톡 메세지가 왔다. 계속해서 자기가 먹는 약만 먹다가 아주 심각하게 되자 고집을 꺾고 조기치료제를 먹은 것이었다.

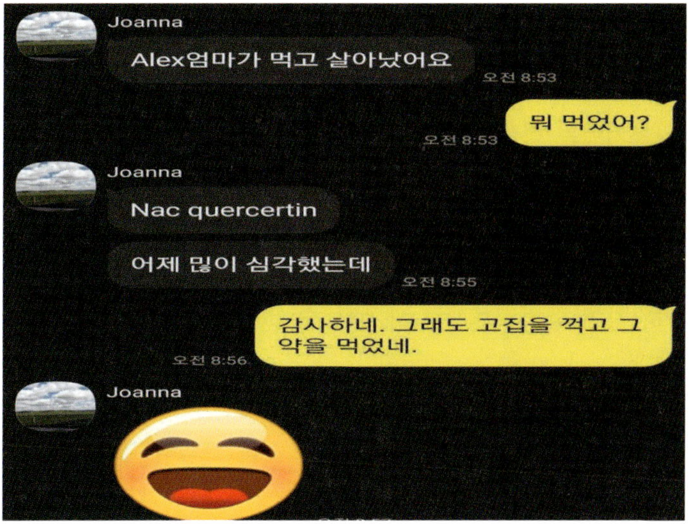

(아내와의 카톡메세지)

우리 집이 코로나로 위험할 때 나이가 80 되시는 권사님에게서 연락이 왔다. 그분은 한번 백신을 맞으신 후 후회를 하시고 2차부터는 맞지 않으셨다. 코로나에 걸리신 것 같다고 하셔서 미리 드린 조기 치료제를 아침, 저녁으로 드시라고 했다. 몸이 춥다고 하셔서 강화에 가서 '강화사자발약쑥'을 사서 드렸다. 미국에서 어머니가 코로나에 걸리셨을 때 강화도에서 난 쑥을 뜯어가신 것을 드셔서 많이 좋아지셨다는 이야기를 들어서였다. 권사님은 나이가 많이 드셨는데도 크게 나빠지지는 않고 좋아지셨다. 그런데 조금만 좋아지시면 가만히 계시지 않고 바람 쐬러 다니셔서 조금 악화되는 모습이 있으셨지만 크게 나빠지지 않으시고 좋아지셨다.

최근 가족과 지인들이 코로나에 걸리고 회복되는 과정을 보고 들은 후 몇 가지 확신을 하게 되었다.

첫째, 백신이 코로나바이러스를 막지 못한다. 이 사실을 대중의 눈에서 가리기를 원했던 미국 CDC는 초기에 백신을 접종받은 사람은 적극적으로 검사하지 않고 병원에 입원해야 검사했다.

둘째, 초기에는 백신이 중증으로 가는 것을 막는 것으로 보이지만 접종자중에서도 중증으로 가는 사람이 의외로 많았다. 접종을 한 사람 중 코로나를 좀 더 잘 이겨내는 사람들이 있었다. 그러나 중증으로 가는 접종자들도 의외로 많았다. 그뿐 아니라 시간이 지날 수록 백신효과가 떨어지기에 조기치료제로 대체할 수 있는 백신의 필요성은 커보이지 않았다.

셋째, 접종자와 미접종자 모두 조기 치료제를 준비해 두는 것이 현명하다. 어린아이들은 감기처럼 이겨내는 모습을 보였다. 그런데 30대 전후반의 젊은 사람 중에도 코로나를 이겨내기가 쉽지 않은 사람이 있었다. 코로나를 너무 무서워하는 것도 잘못이다. 그러나 너무 무시하지도 말아야 한다. 자신의 건강에 자신 있던 사람도 코로나에 쓰러지는 사람들이 종종 있었다. 자신이 건강하다고 생각해도 조기 치료제를 준비해 두는 것은 좋은 생각이다.

넷째, 조기치료제를 가능하면 빨리 사용해야 한다. 조기치료제는 바이러스의 증식을 막는 작용을 하기에 빨리 사용할수록 효과적이다. 초기에 사용하는 사람들은 중증으로 가지 않는 것으로 보였다.

다섯째, 조기 치료제도 코로나를 완벽하게 막지 못하는 것으로 보인다. 조기 치료제를 빨리 드신 분 중에서 중증으로 가는 분은 보지 못했다. 그런데 약간의 후유증이 있으신 분들은 몇 명을 보았다. 한 청년은 폐가 불편하다고 해서 격리가 끝난 후에 폐와 관련된 약을 며칠 더 먹어서 좋아졌다. 또 한 분은 10일이 지났는데 미열이 남아있었는데 37.5도보다는 조금 낮았다. 그런데 청소년과 어린아이들은 초기치료제 사용과 관계없이 후유증이 거의 없었다.

그래서 갑자기 코로나를 직접 경험해보고 내린 결론은 이것이다. 사회적 거리 두기, 마스크, 백신, 백신 패스포트보다 더 중요한 것은 조기 치료제와 영양제였다. 모든 국민에게 조기 치료제를 배포한 후 건강한 사람들은 마음껏 살게 놔두고 취약한 사람들만 적극적으로 예방약과 조기 치료제를 사용했으면 큰 피해 없이 코로나 사태는 끝났을 것이다. 그랬다면 코로나로 인해서 피해를 보거나 숨지는 사람이 크게 감소했을 것이다.

4. 면역력

1장과 2장에서는 백신의 내용물과 부작용을 설명했다. 이 내용을 보면 우리가 코로나와의 싸움에서 백신을 의뢰할 수 없다는 것을 깨닫게 된다. 더 나아가서 목숨을 걸고 백신을 피하게 된다. 우리가 더 이상 백신에 의지할 수 없다면 우리가 어떠한 선택을 할 수 있나? 무모하게 들릴 수 있지만 아무런 두려움 없이 그냥 정상적인 삶을 살면 된다. 왜냐면 대부분 사람들은 그들의 선천적 면역력이 코로나를 이기게 하기 때문이다.

우리는 매일 박테리아, 바이러스, 세균 등 잠재적으로 우리를 해칠 수 있는 모든 종류의 병균과 접촉한다. 하지만 우리가 지금까지 살아있는 이유는 우리의 면역체계가 친구와 적을 잘 구별해서 적절한 군대를 파견해서 적을 섬멸하기 때문이다. 만약 우리의 면역체계가 한 번도 본 적이 없는 적을 직면하게 되면 항체로 알려진 전문병사를 빠르게 만들어 낸다. 이 전문병사는 해로운 것들을 공격하고 무장해제 시킨다. 우리는 코로나바이러스와의 싸움에서도 우리의 면역체계가 우리의 가장 강력한 아군임을 기억해야 한다. 그렇다면 왜 우리의 면역체계가 가장 강력한 아군인가? 그 이유는 다음과 같다.

첫째, 우리는 이미 코로나에서 우리를 보호할 수 있는 면역력을 가지고 있다.

우선 2021년 2월 5일 자 한국일보에 서울대병원(감염내과 오명돈·박완범 교수)과 서울대(생화학교실 김상일·정준호 교수, 전기정보공학부 노진성·권성훈 교수) 공동 연구팀이 코로나 19 관련해서 논문을 내놓은 것이 보도됐다. 그런데 이 논문은 코로나에 감염되지 않은 사람 10명 가운데 6명이 코로나바이러스를 퇴치하는 중화(中和)항체를 생성하는 면역세포를 이미 갖고 있다는 사실을 발견했다고 주장했다.

"코로나 19에 감염되지 않은 정상인도 코로나 중화항체를 생성하는 면역세포를 이미 갖고 있다. 한 번도 감염된 적 없는 정상인 10명 중 6명에서 이 면역세포가 확인됐다."

이 사실을 잘 알고 있는 빅토리 박사는 집단 감염에 이룰 수 있으므로 면역력이 강력한 사람들 특별히 어린이들이 코로나에 노출되는 것이 더 좋다고 이야기를 했다.

"대부분 사람에게 비교적 가벼운 코로나 19와 같은 바이러스의 경우 집단 면역이 때로는 최선의 접근법입니다. 즉, 병에 걸릴 가능성이 작지만, 자연적으로 항체가 생길 수 있기에 발병이 일어나지 않게 하는 것입니다. 그러므로 우리가 할 수 있는 가장 좋은 것 중 하나는 아이들이 실제로 병에 걸릴 위험이 거의 없다는 것을 알기 때문에 밖에 나가서 노출되게 하는 것입니다. 그들은 무리의 전반적인 면역에 이바지함으로써 그들과 다른

사람들을 미래의 발생으로부터 보호할 항체를 개발할 것입니다."

그동안 주류언론에 의해 세뇌된 사람들은 그녀의 말은 미친 소리처럼 들릴 수 있지만 그녀의 말은 사실이다.

16,000명의 검진한 후 1,700명의 코로나 환자를 하이드록시클로로퀸으로 치료한 타이슨 박사는 "대부분 사람은 하이드록시클로로퀸도 필요하지 않다"라는 충격적인 선언을 한다.

주류언론으로 인해서 세뇌를 받은 대부분 사람은 코로나에 강한 두려움을 느끼는데 수많은 코로나 환자들을 하이드록시클로로퀸으로 치료한 경험이 있는 그는 대부분 사람이 하이드록시클로로퀸의 도움이 없이도 회복된 사람들도 본 것이다. 나는 그의 인터뷰를 들을 때 '너무 극단적인 것 아니야?'라는 생각이 들었다. 그러나 과학적 데이터를 보면 그의 말이 사실이라는 결론에 도달했다.

둘째, 코로나에 걸렸다 회복된 사람들에게는 평생 더 강력한 면역력이 있었다.

많은 바이러스 전문가들의 연구에 의하면 코로나바이러스를 이기고 면역력이 생기면 평생 면역력이 지속한다는 것을 밝혔다. 그리고 그러한 면역력은 여러 번 맞아야 한다는 백신보다 월등히 더 뛰어나다. 그래서 대부분 사람은 차라리 백신을 맞지 않고 코로나에 걸렸다가 낫는 것이 더 이득이다.

어려운 질문으로 닥터 파우치를 곤란하게 만드는 랜드 폴(Rand Paul) 의원도 자신은 이미 코로나에 걸렸다가 회복되었기 때문에 백신을 맞지 않는다고 선언했다. 그리고 코로나바이러스를 연구한 유명한 한 의사도 자신의 연구를 토대로 환자들을 통해 코로나에 걸렸었던 자신은 백신을 맞지 않을 것이라고 했다.

CDC Admits It Has No Record of an Unvaccinated Person Spreading Covid After Recovering From Covid

By Cristina Laila
Published November 11, 2021 at 10:00pm
564 Comments

f Share (10k) | Tweet | Gab Share | Telegram | Share

그동안 CDC, 제약회사, 그리고 언론은 백신으로 만들어지는 항체가 코로나 바이러스의 해결책이라고 말하며 인간 면역력의 위대함은 머릿속에서 지워버리려고 힘썼다. 그러나 코로나에 걸렸다가 낫은 사람이 다시 코로나에 걸렸느냐고 물어보았을 대 CDC는 정보공개요청에 의해서 코로나에서 회복된 비접종자가 코로나를 퍼뜨렸다는 기록은 없다고 고백했다.

코로나에서 회복된 사람의 뛰어난 면역력을 증명해주는 것은 아미쉬 신앙공동체다. 세상과 등져서 사는 그들은 백신접종을 받지 않고 코로나에 노출되었다. 물론 그들도 피해를 입었지만 대다수의 사람들은 코로나를 이겨내고 면역력을 얻었다. 그렇게 그들은 백신이 아닌 면역력을 통해 집단면역을 이뤘다.

내가 아는 목회자가 섬기는 교회는 백신을 반대했는데 작년과 올해 두 번 여러 성도들이 코로나에 걸렸다.

그런데 이번에 걸렸다가 회복한 한 형제가 나에게 이런 말을 했다.

"지난번에 코로나에 걸렸던 분들은 이번에 걸리지 않았어요."

나는 그의 말을 통해 인간 면역력의 위대함을 다시 한번 확인할 수 있었다.

이미 수많은 사람이 자신도 모르는 사이에 코로나에 걸렸다가 회복되었다. 이미 자연 면역을 가진 사람들의 숫자가 많으므로 백신 대신 자연 면역을 선택하는 것이 더 지혜롭다.

그러나 보건당국은 백신보다 더 좋은 면역능력을 갖추게 된 이들에 대해서 눈을 가리고 모든 사람이 백신 접종을 하도록 당근과 채찍을 사용했다. 그런데 코로나에 걸렸다가 나은 사람들이 백신을 접종해서 부작용이 더 많이 발생하는 좋지 않은 일이 많이 발생했다.

셋째, 우리의 면역력을 강화시키며 코로나 바이러스를 억제할 수 있는 조기치료제가 있다.

모든 사람이 면역력으로 코로나 바이러스를 이길 수 있는 것은 아니다. 노인이나 심각한 병을 앓고 있어서 면역력이 약한 사람은 코로나 바이러스가 치명적일 수 있다. 그래서 초기에 이 연약한 사람들을 잘 보호하지 못했을 때 수많은 사망자가 나온 것이다. 이런 이유로 바이러스 전문가들은 건강한 사람들에게 마스크를 씌우고 봉쇄조치는 하지 말아야 하지만 노인과 병을 앓고 있는 취약계층은 특별한 보호를 해야 한다고 주장한 것이다.

나는 이런 면역력이 약한 사람들에게 백신을 맞추어야 한다는 주장을 이해는 한다. 그러나 나는 이런 사람들도 우선 면역력을 강화해야 한다고 생각한다. 왜냐면 대부분 노인도 운동하고 충분한 휴식을 취하고 면역을 강화하는 신선한 음식과 비타민 C와 D 그리고 아연을 평상시에 섭취한다면 면역력이 향상되어서 큰 고통 없이 코로나를 이길 것이다. 그러나 그분들 중 중증환자가 나타난다면 예방약과 치료약을 처방해야 한다고 생각된다.

미국 최전방 의사 모임의 대표 닥터 골드도 락다운과 마스크는 효과가 없고 조기 치료가 효과가 있다고 했다. 즉 위험이 있는 사람들은 평소에 면역력을 기르고 있다가 코로나에 걸리면 조기에 치료 약을 먹으면 대다수는 괜찮다는 것이다. 심지어는 몇 바이러스 전문가들은 코로나에 대응할 때 면역력을 기초로 하며 초기에 예방약과 치료제를 사용했다면 팬데믹은 없었을 것이라고 주장하기도 했다.

대부분의 사람들은 아무런 준비없이 코로나와 마주한다고 해도 코로나를 이겨낼 수 있다. 이들 중 어떤 이는 가볍게 지나갈 것이고 어떤이는 조금 강하게 올 수 있다. 그런데 문제는 코로나로 인해 중증을 경험하게 되는 면역력이 약한 분들이다. 햇볕을 많이 쐐지 못하는 겨울철에는 비타민 D 부족으로 이문제가 더 커질 수 있다. 그렇다면 이런 분들은 백신을 맞아야 하는가? 그렇지 않다. 백신보다 더 효과가 있는 것으로 증명된 조기치료제를 사용하면 된다. 다음 장에는 어떠한 치료제를 사용하는지를 알려주는 내용이 나온다.

5. 코로나 프로토콜

ZELENKO COVID19 PROTOCOL (moderate/high risk, > 45 yrs old)			
Items in orange are available OTC, others are prescription			
Prophylaxis			Treatment
1000mg, daily	Vitamin C	same	1000mg, 7 days
5000IU 125mcg, daily	Vitamin D3	double	10000IU 250mcg, 7 days OR 50000IU, 1-2 days
25mg, daily	Elemental Zinc	double	50mg, 7 days
Zinc Ionophore			
500mg, daily	Quercetin	double	500mg, 2x - 7 days
OR		-	OR
400mg, daily	Epigallocatechin-gallate (EGCG)	same	400mg, 1x - 7 days
OR		-	OR
200mg, 5 days, 200-400mg weekly	Hydroxychloroquine (HCQ)	double	200mg, 2x - 5-7 days
OR		-	AND/OR
0.2mg/kg, day 1 & 3, weekly	Ivermectin (IVM)*	double	0.4-0.5mg/kg, 5-7 days
*Example: IVM dosage for 200lb person (90kg) - Prophylaxis 18mg, Treatment 36mg-45mg			
Antibiotic			
---	Azithromycin (Z-PAK)	add	500mg, 1x - 5 days
			OR
---	Doxycycline	add	100mg, 2x - 7 days
Other Treatment Options			
corticosteroid	Dexamethasone 6-12mg 1 time a day for 7 days or		
corticosteroid	Prednisone 20mg twice a day for 7 days, taper as needed		
corticosteroid	Budesonide 1mg/2cc solution via nebulizer twice a day for 7 days		
blood thinners	Blood thinners (i.e. Lovenox, Eliquis, Xarelto, Pradaxa, Aspirin)		
anti-inflammatory	Colchicine 0.6mg 2-3 times a day for 5-7 days		
	Monoclonal antibodies		
	Home IV fluids and oxygen		

(젤란코 프로토콜)

위의 도표는 젤란코 프로토콜이다. 젤란코 프로코콜은 크게 예방 프로토콜과 코로나 걸렸을 때의 치료 프로토콜로 나누어진다.

예방할 때

비타민 C 1000mg, 매일

비타민 D3 5000IU 125mcg, 매일

아연 25mg, 매일

아연을 세포로 운반하는 물질인

케르세틴 500mg, 매일 (아니면 EGCG 400mg, 아니면 하이드록시클로로퀸 200mg, 5일(200-400mg, 매주), 아니면 이버맥틴 몸무게 1kg당 0.2mg, 매일(첫째주, 셋째주)

(백신 접종하신 분들은 예방약을 미리 드시는 것이 나쁘지는 않을 것 같다. 예방약을 드신 분들은 예방도 되지만 코로나나 다른 바이러스에 접할 때 증상이 약하게된다. 한 똑똑한 의사분은 양로원에서 노인들에게 비타민 C와 D 그리고 아연을 정기적으로 섭취하시게 했는데 그곳의 노인들은 코로나에 걸렸을 대 약하게 걸리셨다. 이 프로토콜이 전 세계적으로 수많은 사람을 살린 유명한 프포토콜이다.)

치료할 때

비타민 C 1000mg, 매일

비타민 D3 10000IU 250mcg, 매일(아니면 50,000IU, 1-2일)

아연 50mg, 매일

아연을 세포로 운반하는 물질인

케르세틴 500mg×2번, 7일동안 (아니면 EGCG 400mg, 아니면 하이드록시클로로퀸 200mgx2번, 5-7일, 아니면 이버맥틴 몸무게 1kg당 0.4-0.5mg, 5-7일

항생제인 아지트로마이신 500mg, 5일동안

독시사이클린 100mgx 2번, 7일동안

기타 치료 옵션

코르티코스테로이드 Dexamethasone 6-12mg 7일 동안 1일 1회

코르티코스테로이드 또는 프레드니손 20mg 7일 동안 1일 2회,

(필요에 따라 가감)

코르티코스테로이드 부데소니드

혈액 희석제 (예: Lovenox, Eliquis, Xarelto, Pradaxa, Aspirin)

항염증제 콜히친 0.6mg 5-7일 동안 하루 2-3회

단클론항체

홈 IV 수액 및 산소(oxvgen)

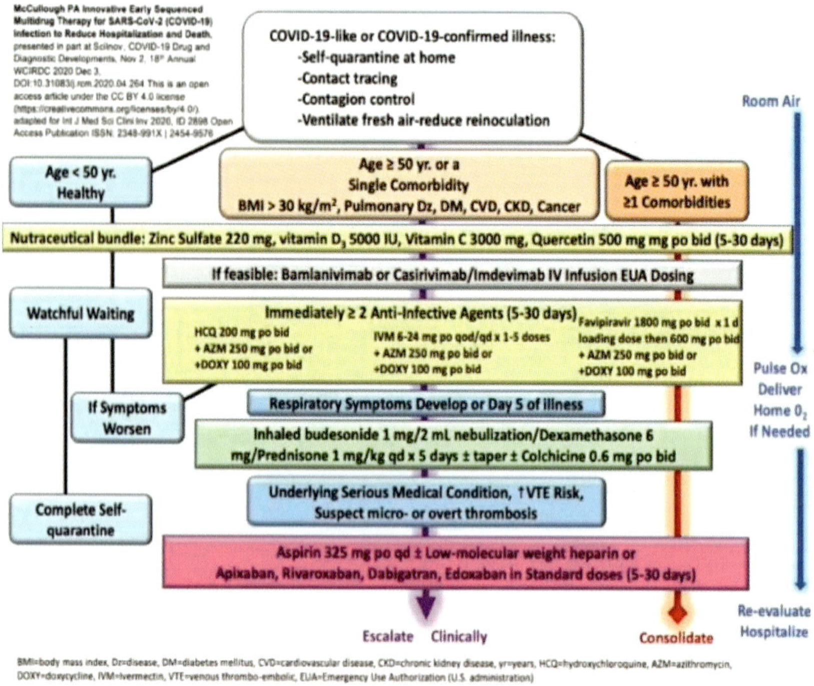

(피터 맥캘러의 프로토콜)

위의 프로토콜은 코로나바이러스에 대해서 수십여 편의 논문을 쓴

피터 맥캘러 박사가 만든 프로토콜이다. 그와 그의 프로토콜을 사용한 의사들은 수백만의 코로나 환자들을 치유했다. 매우 전문적인 부분이 많아서 의사들이 참조하면 좋을 것으로 보인다.

닥터 맥캘러는 이 표를 설명하면서 몇 가지 중요한 부분을 강조했다. 첫째, 그는 환기의 중요성을 강조하며 집에 머물더라도 문을 열어놓아야 한다고 했다. 둘째, 그는 5-30일 동안의 아연 220mg, 비타민D 5000IU, 비타민C 3000mg, 케르세틴 (Quercetin)의 처방을 강조했다. 그 외에 그는 하이드록시클로로퀸 200mg(또는 이버맥틴 6-24mg), 아지트로마이신(AZM 250mg) 250mg, 그리고 독시사이클린(Doxycycline) 100mg의 사용을 강조했다.

그는 또 5일 후에 혹은 숨쉬기가 곤란해지면 부데소니드(Budesonide)의 사용과 더 심각해지면 피가 엉기는 것을 막기 위해 아스피린 325mg을 비롯한 몇 가지 약을 투여해야 한다고 했다. 대부분 사람은 초기에 치료하면 위에 언급된 몇 가지 약으로 치료할 수 있지만, 코로나에 더 위험한 분들을 위해서는 악화할 것을 대비해서 호흡을 가능케 하는 약과 혈전을 막는 약도 생각해야 할 것으로 보인다.

2021년 12월에 코로나에 걸리신 분들이 갑자기 많아지고 디톡스 원하시는 분들도 연락이 와서 아내가 박스로 보내준 중요한 약들이 금새 동이 났다. 그래서 알약 하나에 모든 것이 포함된 약과 여러 사람들이 쉽게 약을 손에 얻을 방법을 생각했다. 그러다 시중에 나온 약들 중에 젤란코 박사의 Zpack을 선택했다. Zpack 안의 한 알약에는 비타민 C, D, Zink, Quercertin이 다 들어있다. 닥터 젤란코는 바로 이 구성으로 수 많은 코로나환자들을 구했다.

1병에 55불이고 12개 이상 구입하면 $45불에 구입이 가능하다. 미국에서 내는 세금을 포함하면 좀 더 가격이 비싸지기는 할 것 같다.

이 약을 구입하시고 싶으신 분은 다음 링크로 들어가시면 된다.

https://zstacklife.com/products/z-stack

이 약을 구매하시고 싶으신데 구매가 어려우신 분들은 함께 공동구매를 하시면 한국에서 이 약을 얻으실 수 있다. 나는 장사하는 사람은 아니여서 내가 받는 원가(약값과 운송비)만 받으려고 한다. 사실 이렇게 하면 눈에 잘 보이지 않는 지출 때문에 약간씩 손해를 보게 될 것이다. 그래도 한국에 조기치료제를 뿌려서 좀 더 많은 사람이 코로나에 준비가 되었으면 하는 마음으로 진행하려고 한다. 이 약은 백신 디톡스에도 사용이 될 수 있어서 백신접종자들에게도 필요한 약이라고 생각된다. 공동구매를 원하시는 분은 다음의 이메일(usakorea@kakao.com)로 연락을 주시면 된다.

6. 비타민C

비타민C는 우리 몸에 필요한 다양한 효능이 있다. 첫째, 비타민C는 여러 가지 대사과정의 조효소로 쓰여서 신진대사를 활성화한다. 둘째, 면역기능에 관여한다. 셋째, 생체 내에서 콜라겐을 합성에 관여해서 손상된 피부와 결합조직의 재생을 촉진한다. 넷째, 비타민C는 대표적인 항산화성분으로 유해산소로부터 세포를 보호하여 세포의 산화를 막아 노화를 방지하는 데에도 효과가 있다. 다섯째, 멜라닌 형성을 억제하여 주근깨, 기미를 완화한다. 여섯째, 암치료에도 사용된다. 일곱째, 심혈관계 질환 예방에 대한 효능이 있다. 여덟째, 피로회복, 스트레스와 추위에 대한 저항력을 높인다. 중금속 배출, 납 흡수억제, 비만 억제, 운동력 향상과 같은 효과도 있다. 비타민C가 이런 중요한 역할을 하지만 체내에서는 합성이 되지 않기 때문에 반드시

음식물의 형태로 섭취해야 한다.

비타민C가 부족하면 약하게는 만성피로, 코피, 소화장애. 출혈이 생길수 있고 심각하게는 모세혈관의 약화와 괴혈병이 나타날수 있다.

비타민 전도사라고 불리는 이왕재 교수님은 비타민C 메가도스를 강력하게 추천하셨다. 비타민C 메가도스법은 세계보건기구(WHO)의 비타민C 하루 권장량(60 mg)보다 50~100배 많은 3000~6000 mg, 심지어는 1만 mg까지 비타민C를 복용하는 것이다. 그렇게 하면 노화가 지연되고 암도 예방되며 면역력도 높아진다고 알려졌다. 이왕재 교수님의 따르면 식사와 함께 다량의 비타민C를 섭취하면 유해산소의 생성과 작용을 차단해 세포를 보다 건강하게 유지할 수 있다. 또 메가도스를 할 때 부작용을 걱정하진 않아도 되는 이유는 비타민C는 몸에 축적되지 않고 모두 소변과 뒤섞여 배출되기 때문에 부작용이 없다.

이왕재 교수님은 코로나에 대안으로 값싼 비타민 C의 중요성을 강조했다.

물론 저는 대안을 얘기하지요. 여러분 저는 평생 비타민C를 연구했기 때문에, 비타민C가 백퍼센트 예방을 못한다 하더라도 돌아가신분들 상당히 살릴 수 있다라고 동물실험까지 해가지고 유일하기 국제 학술지에 논문을 낸 사람이에요! 그런데 여러분들 비타민C가 너무 싸요! 너무 싸! 의료사업을 죽인다는거에요 비타민C가. 모든 국민이 비타민C를 먹으면 코로나 때는 의료산업을 살려야 되는데 의사들이 죽는다는 거에요.

그거는 증명이 됐어요. 백신 때문에 의료산업은 어떻게 그냥 돈을 감당할 수 없을 정도로 벌어서 의료산업은 살아난 건 확실합니다.

그런데 여러분 사람을 살리면서 의료산업이 살아나야지요. 사람을 죽이면서 의료산업이 살아서 되겠습니까? 여러분들은 지금 누구를 위해서 의료산업이 살아야 되겠어요? 안됩니다. 제가 나선 이유에요! 그건 안됩니

다! 도저히 안됩니다. 그거는요!

비타민C를 인정 안해도 좋다 이거에요. 그렇지만 여기 계신 여러분들 코로나에 걸릴 수가 있어요. 희생자가 될 수 있다 이 말이에요. 그래서 여러분들에게 제가 이거 중요한 얘기니까 조금만 더 귀를 집중해서 들으세요.

비타민C 지금까지 안 드신 분들은 비타민C 드셔야 해요. 비타민C를 식사 때마다 여러분들 우리나라는 비타민C 달라하면 다 정형화 된 제품이 나와 있어요. 그래서 제가 2알이라고 그렇게 얘기 하는거에요.

우리나라는 전 세계에서 비타민C에 관해 가장 발달된 나라에요. 저 때문에요. 사실입니다. 그래서 여러분들이 약국 가셔가지고, 그냥 2알씩 약을 비타민C 사셔서 식사 때마다 2알씩 드시기를 바랍니다.

그러면 최소한도 제가 실험한 결과에 의하면 이까짓 코로나에 희생될 가능성은 정말 희박해져요. 가뜩이나 치사율이 낮은병인데? 비타민C까지 드시면 더욱 치사율이 떨어지고, 그다음에 만일에 여러분들이 여러분들 아시는 것처럼 독감의 계절이 왔잖아요?

독감의 계절이 왔기 때문에 여러분들 언제든지 여러분들이 뭔지 모르지만 상기도 감염 증상이 나타날 때는 여러분들이 2알 2알 2알씩 6시간 간격 즉, 식사 때마다 드시던 것을 그 사이 사이에도 3번을 더 드셔서 모두 하루에 6번을 2알씩 드시면은요? 하루 이틀만 지나면 그 상기도에 뭔가 감염됐든 증상이 싹 사라집니다. 굉장히 많은 분들이 실천해서 그것을 알고 그거를 의학적으로 완벽하게 규명이 된 얘기에요.

이왕재 교수님의 말을 좀 더 쉽게 풀어쓰면 다음과 같다. 매일 3시간마다 비타민C를 2알씩 먹으면 하루이틀 후에 감염증상이 사라진다. 나는 모든 사람이 이런 신비한 효능을 체험하지는 못하지만 대부분의 사람은 많은 도움을 받을 것으로 본다.

7. 비타민D

비타민D는 코로나바이러스와 관련되어서 가장 중요한 비타민이다. 사망자가 많았던 요양 시설에서 한 의사가 정기적으로 노인들에게 아연과 비타민D를 섭취하게 했을 때 코로나에 걸리더라도 잘 회복되었다는 증언은 우연이 아닐 수 있다. 그렇다면 비타민D가 어떤 역할을 하기에 코로나바이러스를 이기게 하는가?

첫째, 많은 사람에게 알려진 것처럼 높은 수준의 비타민D는 신체 점막 방어, 인간 항바이러스 생성, 사이토카인 조절, 혈액 응고 감소 및 기타 중요한 면역체계 기능 전체에 중요하다. 비타민D만 잘 복용해도 우리의 면역체계의 기능이 향상된다는 것이다.

둘째, 그러나 최근의 코로나바이러스와 관련된 비타민D에 관한 연구는 바로 이 비타민이 인체의 면역체계를 보조하는 기존의 역할을 넘어서 코로나바이러스와 직접 싸운다는 사실을 밝혀주었다.

영국 브리스톨대의 에이드리언 멀홀랜드 교수 연구진은 2021년 1월 29일에 독일 화학회가 발간하는 국제 학술지 '앙게반테 케미'에 "비타민D가 코로나바이러스의 감염을 직접 막는다고 밝혔다. 그리고 그 이유를 비타민D가 인간을 감염시키는 데 중요한 역할을 하는 코로나바이러스 표면의 스파이크 단백질을 닫힌 구조로 유지하기 때문이라고 설명했다.

이 연구는 왜 비만 환자가 코로나에 더 취약한지에 대한 원인을 알게 해주었다. 비만 한 사람이 코로나에 더 약한 이유는 지용성인 비타민D가 지방에 축적되어서 비타민D를 활용하지 못하기 때문이다. 그리고 주로 비만한 사람들에게 있는 더 많은 콜레스테롤이 비타민D와는 정반대로 코로나바이러스의 스파이크 단백질과 결합할 때 닫힌 구조를 열린 구조로 바꾸기 때문이다.

이것을 증명해주는 연구가 2021년 1월 4일 미국 플로리다대 치과대 연구진이 발표한 국제 학술지 '영양학(Nutrition)'에 실려 있었다. 이 연구에 따르면 비타민D 결핍이 있는 사람은 그렇지 않은 사람보다 코로나 확진 가능성이 4.6배 높은 것으로 나타났다. 2020년 9월에도 비슷한 연구결과가 나왔다. 미국 시카고대 의대 연구진이 코로나 환자 489명을 조사했더니, 비타민D가 충분했던 그룹의 감염률은 12%였는데 부족한 그룹의 감염률은 22%로 높아졌다.

2021년 1월 25일에 미국과 이란 공동연구진은 지난 25일 국제 학술지 '플로스 원'(PLOS ONE)에 비타민D가 과잉 면역 반응으로 염증을 악화시키는 사이토카인 폭풍과 각종 합병증을 감소시킬 수 있다는 사실을 발표했다. 연구진은 이란 테헤란 시나 병원에 입원한 코로나 19 환자 235명으로부터 채취한 혈액에서 비타민D의 농도를 측정한 뒤, 의식 불명, 호흡 곤란으로 인한 저산소증 및 사망을 포함한 이들의 감염증 임상 결과를 추적했다. 비타민D의 혈중 농도가 30ng/mL 이상이면 코로나 19 환자가 의식 불명, 저산소증, 사망에 이르는 등의 부작용 위험이 현저하게 감소했다.

셋째, 비타민D는 T세포의 형성과 활동을 돕는다. 바이러스를 아무런 부작용 없이 물리치는 데 가장 중요한 역할을 하는 것은 T세포다. 항체는 세포 밖에 있는 병원체에 달라붙어서 파괴할 수만 있는데 종종 ADE(항체 의존면역증강)에 의해 세포를 감염시키는 병원체의 능력을 증강할 수 있다. 그러나 외부에서 들어오는 단백질 파편을 감지하는 '센서'를 이용해 감염된 세포 내부의 병원균을 감지해 파괴하는 T세포는 안전하다.

사스-CoV-1을 퇴치하고 면역 메모리를 만드는 데 있어서 T세포의 중요성은 2017년 코비드 이전의 여러 논문에서 잘 기록되어서 많은 과학자에게 잘 알려진 사실이다. 그러나 주류언론은 약속이나 한 것처럼 T세포보다는 백신으로 만들어지는 항체에 대해 알리는 데 집중했다. 어쩌면 백신이 항체반응을 일으키는데 뛰어나지만, T세포의 생성에는 그렇게 뛰어나지 않아서일 수 있다.

예일대를 포함한 연구 기관들은 가벼운 경우나 증상이 없는 경우 많은 T세포가 생산되지만, 항체는 거의 없다는 것이 발견했다. 그런데 그들이 보유한 T세포는 바이러스에 매우 효율적으로 대응했다. 반대로 바이러스에 심각하게 걸렸을 때는 항체는 많이 생산했지만, T세포를 거의 생산하지 못했다. 또한, 남성들이 여성들보다 더 적은 수의 T세포를 생산했는데 남성의 T세포 반응은 나이가 들수록 줄어들었다.

코펜하겐 대학의 국제 보건, 면역학 및 미생물학 부서의 책임자인 카스텐 가이슬러(Carsten Geisler)박사는 T세포를 비활성 상태에서 활성화하는데 비타민D가 매우 중요하다고 주장했다. 2020년 9월에 영국의학저널에서 발표한 논문은 비타민D가 T세포 형성에 매우 중요하다는 것을 밝혔다.

비만 당뇨병 환자가 코로나바이러스에 더 취약하다는 사실이 밝혀졌는데 그들에게 비타민D가 훨씬 부족한 것은 우연이 아닐 수도 있다.

비타민D의 중요성은 몇 가지 사례연구에서도 알 수 있다. 일본은 지구상에서 노인 비율이 가장 높고 도시의 인구 밀도가 높음에도 불구하고 사망자가 적었다. 그런데 활동적인 노인 95%가 30ng/ml 이상의 높은 비타민D 수치를 가졌다. 사망자가 일본보다 높은 영국의 평균 수준은 20ng/ml 이하이다. 자외선 차단 작용으로 만들어지는 비타민D는 만들어지기 쉬운 적도 부근의 햇빛이 잘 비추는 국가(예: 나이지리아, 싱가포르, 스리랑카)에서 코비드 관련 사망률이 매우 낮다.

TV와 이메일을 통해 파우치 박사가 6000IU를 섭취한다는 것을 확인하는 것을 보면 백신 장사꾼 파우치 박사도 이것에 대해 매우 잘 아는 것 같다. 그러나 그는 인간의 면역력을 높이는 비타민D에 대해 알리기보다 인간의 선천적인 면역력을 파괴하는 백신을 팔기에 바쁘다.

우리에게는 코로나로부터 우리를 보호해주는 놀랍도록 복잡하고 정교하고 효과적인 면역체계가 있다. 이 면역체계에는 바이러스를 감지해서 파괴하는 T세포가 중요한 위치를 차지하고 있다. 그리고 비타민D는 T세포의 생성과 활동에 중요한 역할을 감당하고 있다. 그러므로 우리가 의식적으로 우리 몸에서 용량을 늘리거나 줄일 수 있는 비타민D는 우리를 바이러스로부터 보호하는 데 필수적이다. 우리 몸이 비타민D만 잘 생성해도 우리의 면역체계를 신뢰하면서 코로나를 두려워하지 않고 일상적인 삶을 살 수 있다.

그렇다면 어떻게 비타민D를 보충할 것인가? 비타민D는 자외선 차단제 없이 20~30분만 햇볕을 쬐도 하루 필요량을 보충할 수 있다. 만약 햇빛이 안되는 상황이면 비타민D를 사서 먹으면 된다. 비타민D는 코로나바이러스뿐만 아니라 다른 호흡기병에도 큰 도움이 될 것이다.

다음에 나오는 내용은 유명한 데이터학자가 코로나와 비타민D의 관계에 관해서 설명한 흥미로운 내용이다. 데이터학자여서인지 좀 더 실감 나게 우리에게 다가오는 것을 느낀다. 파우치의 이메일에서 그가 매일 비타민D를 섭취한다는 내용이 사실인 것으로 밝혀졌는데 교활한 그가 비타민D를 섭취한 것에는 분명한 이유가 있었다. 이 내용만 잘 깨닫게 된다고 해도 수많은 사람이 코로나와 백신에 의해 허망하게 병들고 죽어가는 일이 없을 것이다. 다음에 나오는 내용은 클리프 하이(Cliff High)라는 데이터 과학자가 비타민D에 대해 설명하는 내용이다.

코비드는 낮은 비타민D로 고통받는 사람들에게 스파이크 단백질을 위한 기회 전달 시스템(a opportunistic delivery system) 입니다. 그래서 우리에게는 사실 코비드 유행병이 없었습니다. 우리에게 비타민D가 낮은 사람들에게 유행하는 병이 있었습니다. 이것은 단지 우리가 햇볕에 노출되지 않고 정상적이거나 적절한 양의 비타민D를 섭취하지 않는 결과일 뿐입니다. 많은 사람이 비타민 결핍으로 코비드에 취약합니다. 그리고 누가 코비드에 의해 죽었는지 살펴보면 그들은 모두 극도로 비타민D 결핍이라는 것을 알 수 있습니다. 그리고 저는 그것이 사실이라고 믿습니다.

중국공산당이 코로나바이러스에 독소를 부착했는데 코로나바이러스는 비타민D에 매우 약합니다. 우리의 신체 시스템에 적절한 비타민D가 있으면 코로나에 걸릴 수 없습니다. 지구에서는 밀리미터당 47ng의 비타민D가 혈액에 있으면서 동시에 코로나가 몸에 순환해서 병원에 입원 한 사람은 없습니다.

문화적으로 중국인들은 태양을 피하는 사람입니다. 그들은 일광욕하지 않고, 햇볕에 나가지 않으며, 여성은 전통적으로 태양으로부터 자신의 피부를 보호하고, 남성은 태양에 대해 너무 걱정하지 않고 할 수 있는 일을 많이 합니다. 이 사람들은 태양을 피하기에 비타민D를 보충하지 않으며 비타민D가 낮습니다. 그들의 표준은 미리 리터당 20ng이었는데 그것은 실제로 질병 수준입니다. 구루병 수준은 아니지만 가깝습니다. 밀리 리터당 13㎎은 위험 수준입니다.

체내에 비타민D가 충분하지 않기 때문에 뼈와 관절이 변형되기 시작합니다. 비타민D는 우리 몸에서 지속해서 사용됩니다. 3,000 개가 넘는 프로 호르몬에서 당신의 몸에 작용하는 것을 알고 있습니다. 태양을 피하면 4일 만에 몸에 비타민D의 양을 50%까지 줄일 수 있습니다. 코로나바이러스가 비타민D에 약했다는 것을 그들은 알지 못했습니다. 이것이 바로 중국 후베이성과 우한의 인구가 바이러스에 의해 파괴된 이유입니다.

그리고 이란사람과 같은 다른 특정 인구도 초토화되었습니다. 그들이 어떻게 옷을 입는지 주목하십시오. 그들 또한 태양을 피합니다. 또한, 북부지역 이탈리아인들도 초토화되었습니다. 주로 여성과 나이 많은 남성입니다…. 그들이 어떻게 옷을 입는지 주목하십시오. 검은 옷을 입고 그들도 또한 태양을 피하는 사람입니다. 큰 태양 모자 등등. 이 바이러스는 비타민D가 부족해서 민감하고 수용할 수 있는 수준이 된 사람들에 대한 기회주의적 감염에 기초한 글로벌리스트들에 의해 설계된 유행병이었습니다.

저는 바이러스학자들이 사용하는 '민감하다, 수용한다.'라는 두 용어를 사용하고 있습니다. 왜냐하면, 만약 당신이 수용적이지 않다면 즉 비타민D를 가지고 있다면 바이러스를 버리고 몸에 들어오는 것을 수용하지 않기 때문입니다. 그리고 세포에 일부가 들어가더라도 세포에 비타민D가 풍부하다면 번식을 허용하지 않습니다. 그들은 스파이크 단백질과 바이러스를 복제할 수 있는 세포 권한을 주지 않을 것이며 그것이 당신에게는 좋은 결과를 가져옵니다. 그래서 당신은 그것으로 인해 아프게 되지 않습니다. 그냥 몸에서 바이러스를 버릴 것입니다.

8. 하이드록시클로로퀸

2020년 10월 초 트럼프 대통령이 코로나바이러스에 감염돼서 Walter Reed MC에 있을 때 모든 국민이 코로나에 대해서 매우 민감하게 되었다. 그날 저녁 원 아메리칸 뉴스 네트워크(OANN: One American News Network)의 피어슨 샤프 기자가 하이드록시클로로퀸을 사용해 1700명 이상을 치료한 남가주 의사인 브라이언 타이슨 씨와 인터뷰를 진행했다. 언론에서는 계속 코로나바이러스에 대한 과장된 보도를 지속하고 있는데 실제 전쟁터에서 코로나와 싸웠던 의료 전문가인 타이슨 박사는 우리에게 이 바이러스와 싸울 모든 도구가 준비되어있다고 말했다. 다음은 그의 인터뷰 내용이다.

피어슨 샤프: 코로나로 환자가 사망한 것으로 보고하면 정부에서 2400만 원에서 3600만 원에 해당하는 성과보수가 의사에게 지급된다는 보도가 있었습니다. 그러한 내용에 대해 들으신 바 있으신가요?

타이슨 박사: 예, 사실입니다. 환자를 코로나로 확진을 하면 성과보수가 지급되어 병원들이 추가적인 수입을 얻을 수 있습니다. 어떠한 진단에 성과보수를 지급하면 의사들이 그러한 진단을 내리게 되죠. 그래서 어떤 환자가 병원에 와서 코로나 확진을 받고, 그 후 실제로는 심장마비나 뇌졸중으로 사망을 한다고 하더라도 이들은 코로나 환자로 남게 됩니다. 이런 사람들이 미국인 사망자 20만 명 중 상당수입니다.

피어슨 샤프: 매우 중요한 질문을 하나 드리겠습니다. 언론은 하이드록시클로로퀸을 매우 위험한 약으로 묘사를 하는데 이 약이 사람을 살릴 수 있습니까?

타이슨 박사: 대답은 절대적으로 사람을 살린다는 것입니다. (The answer is absolutely) 우리 병원은 지난 3월부터 하이드록시클로로퀸을 처방해왔습니다. 우리는 16,000명 이상의 환자를 검사했고 약 1,700명의 환자를 치료했습니다. 저희는 하이드록시클로로퀸, 아연, 그리고 아지트로마이신이나 독시사이클린을 통해 치료를 진행했습니다. 이들 중 단 한 명의 환자만 나흘 동안 병원에 보내졌을 뿐, 1700명 이상의 환자 중 단 한 명의 사망자도 없었습니다.

피어슨 샤프: 당신이 하이드록시클로로퀸으로 1,700여 명을 치료했는데 단 한 명도 사망하지 않았다고요?

타이슨 박사: 0명의 사망자입니다. (Zero Death) 그뿐 아니라, 아주 단순한 타이레놀을 보면, 타이레놀로 인한 사망자가 하이드록시클로로퀸으로 인한 사망자보다 많을 정도로 안전합니다. 우리는 모두 하이드록시클로로퀸을 사용해야 합니다.

피어슨 샤프: 그렇다면 모든 사람이 하이드록시클로로퀸을 사용한다면 내일이라도 당장 나라의 문을 열어도 될까요?

타이슨 박사: 하이드록시클로로퀸을 굳이 사용하지 않더라도 나라를 열어야 합니다. 솔직히 말씀드리면 대부분 사람은 하이드록시클로로퀸마저도 필요하지 않습니다. 믿으실지 모르겠지만요. 아프게 되면 그때부터 치료를 시작하면 됩니다.

이 뉴스는 많은 미국인을 혼란에 빠뜨렸다. 왜냐면 많은 미국인에게 하이드록시클로로퀸은 사용하면 안 되는 약이었기 때문이다. 60여 년 넘게 사용되어서 안정성이 인정된 이 약을 악마시하는 데는 조직적인 음모가 있었다.

우선 행동 대장으로 저명한 과학잡지 란셋(Lancet)이 나섰다. 당시 도널드 트럼프 대통령은 하이드록시클로로퀸이 놀라운 치료제(Game Changer)라며 자신도 예방을 위해 복용했다고 고백하며 언론에 주목을 받았다. 그러나 그의 발언 이후 그는 하이드록시클로로퀸과 함께 이곳저곳에서 공격을 받았다.

우선 란셋 2019년 12 월부터 2020년 4월까지 6개 대륙에서 코로나 19로 병원에 입원 한 96,000명 이상의 환자를 대상으로 시험한 결과 하이드록시클로로퀸이 심실 부정맥으로 사망위험을 증가시켰다고 보도했다. 연구진은 이러한 약물 요법이 임상시험 외의 COVID-19 치료에 사용되어서는 안 된다고 결론을 내렸다.

란셋에 이 약물이 사망률 및 심장 부정맥의 위험 증가와 관련이 있다는 연구결과가 밝혀진 후 세계보건기구(WHO)는 코로나 19 환자에 대한 하이드록시클로로퀸 검사를 중단하며 하이드록시클로로퀸에 두 번째 치명상을 입혔다.

주류언론도 하이드록시클로로퀸을 놀라운 치료제라고 주장했던 트럼프를 공격했다. 특별히 New York Times는 하이드록시클로로퀸이 치료제로 받아들이게 되면 트럼프와 관련된 주주와 경영진이 이익을 낼 것이며, 대통령 자신이 개인적인 재정적 이득을 취할 것이라고 보도했다.

앤서니 파우치 국립 알레르기·감염병 연구소(NIAID) 소장도 이들의 편에 들며 트럼프와 하이드록시클로로퀸을 공격했다. 그는 5월 27일 CNN과의 인터뷰에도 하이드록시클로로퀸이 신종 코로나바이러스 감염증(코로나 19) 치료제로 쓰일 수 있다는 증거가 부족하다고 말했다. 그리고 “이 약품을 금지해야 하는지는 확신할 수 없지만, 분명한 것은 과학적 지표가 확실히 효율성 부족과 심각한 부작용의 우려를 나타낸다.”라고 주장했다. 이후 트럼프와 각을 세우는 그를 주류언론이 영웅으로 만들었고 2020년 7월 28일에 코로나 19사태로 뒤늦게 개막한 미국 프로야구 메이저 리그(MLB) 개막전에서 시구했다.

이런 선동으로 인해 한동안 소수를 제외하고는 수많은 사람이 코로나바이러스에 대한 예방약과 치료약이 없는 것으로 생각했다.

그러나 주류언론의 조작된 여론몰이에도 불구하고 여러 사람의 노력으로 인해 코로나바이러스에 대한 예방약과 치료 약이 있다는 사실이 많은 사람에게 전파가 되었다. 선두에 나선분들은 누구보다도 잘 알고 있는 의사들이었다. 많은 의사가 란셋, WHO, 그리고 주류언론을 믿지 않으며 논문의 진실성에 대해서 추궁했다. 그 이유는 하이드록시클로로퀸이 60여 년 넘게 안정성을 인정받았다는 것을 의사들이 알고 있었기 때문이었다.

하이드록시클로로퀸은 매우 안전해서 전 세계의 많은 국가에서 처방전 없이 살 수 있는 제품이었다. 말라리아 때문에 여러 아프리카 국가에서 일요일마다 복용해서 일요일 약이라고 불리기도 했다.

미국에서는 루푸스와 류머티즘성 관절염에 환자들이 의사들에게 정기적으로 처방을 받아서 복용했다. 말라리아가 있는 지역에 여행을 갈 때도 쉽게 처방을 받을 수 있는 약이었다. 65년 동안 FDA 승인을 받아서 아이들, 임산부, 수유하는 어머니들도 복용할 수 있었다. 이 약이 갑자기 공격을 받아서 사용하지 못한다는 것은 의사들이 도무지 이해하지 못하는 사건이었다.

논문의 데이터를 살펴본 독립 의사 그룹은 5개 대륙에 걸쳐 9만 명의 환자가 참여했는데 아무도 이 소식을 들어 본 적이 없다며 이의를 제기했다. 이들을 비롯한 여러 의사가 란셋 기재된 연구결과에 대해서 의심을 하며 압박을 하자 있을 수 없는 일이 일어났다. 란셋에서 완전한 사기인 것을 인정하고 그 논문을 철회한 것이다.

이것은 일생에 한 번 일어날까 말까 하는 사건인데 일어난 것이다. 이 사건으로 인해 부패한 과학계가 거짓으로 대중을 선동한 모습이 적나라하게 드러나게 되었다. 그러나 주류언론은 이 사건을 크게 다루지 않았고 미국에서는 아직도 하이드록시클로로퀸을 복용하기 어렵다.

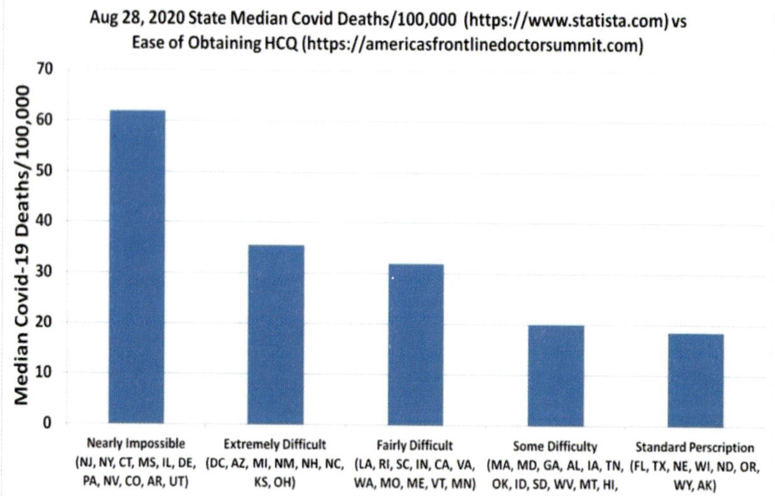

위 그래프는 미국의 주별 하이드록시클로로퀸(HCQ) 구매 용이성 대비 인구 10만 명 당 사망자 수다. 하이드록시클로로퀸(HCQ)을 거의 사들이지 못하게 한 주는 100,000만 명당 60명 이상의 사망자가 나왔다. 그러나 정상적으로 의사의 처방을 받아서 구매할 수 있는 주는 20명이 안 됐다. 3배가 넘는 사망률이 나온 것이다.

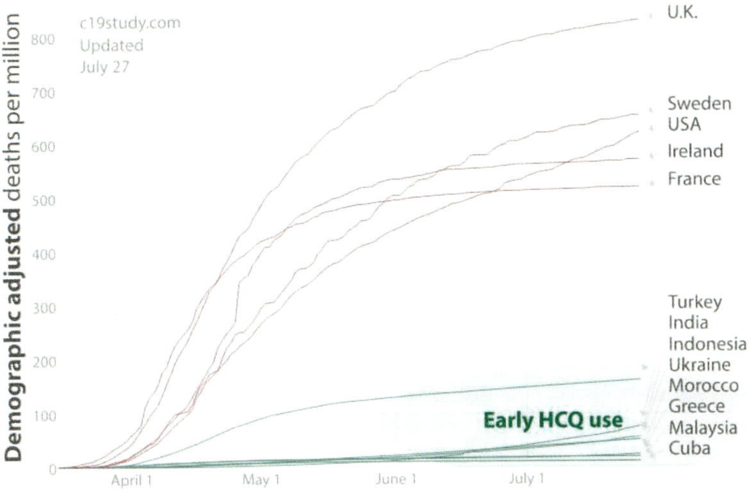

위 도표는 하이드록시클로로퀸으로 조기 치료를 하는 국가들과 하이드록시클로로퀸의 사용을 막는 나라의 차이를 보여준다. 하이드록시클로로퀸으로 조기 치료를 했던 모든 국가는 사망률이 매우 낮았지만 사용하지 않은 국가들은 사망률이 매우 높았다.

만약 하이드록시클로로퀸을 예방약으로 사용하면서 코로나에 감염됐을 때는 치료제로 사용했다면 수많은 생명을 구했을 것이다. 예방약과 치료제가 있는데 거짓연구와 가짜뉴스로 사람들의 눈을 가린 사람들은 간접 살인을 저지른 것이다.

홍콩에서 미국으로 망명을 해서 코로나바이러스를 실체를 밝혀서 유명해진 멍박사도 이러한 사실을 알리는 데 큰 역할을 했다. 그녀는 하이드록시클로로퀸의 약효에 관해서 이야기하면서 공산당지도부들의 이중성에 대해서도 폭로를 했다.

"중국공산당 고관들은 하이드록시 클로로퀸의 효능을 알고 복용해왔습니다. 60년 동안 사용해온 약인데 2005년 사스 치료에도 상당히 효과적이었습니다. 중공 폐렴이 사스의 개량판이기에 당연히 효과가 있습니다. 의료 전문가라면 상식적으로 알 수 있는 내용입니다.

비전문적 의학 회사가 제시하는 임상데이터는 허구입니다. 하이드록시클로로퀸은 임산부와 어린이들도 장기간 복용할 수 있는 약입니다. 복용량만 지키면 아무 문제가 없습니다. 저도 매일 복용하고 있습니다. 중국공산당 가운데 어느 정도 계급이 있는 사람들은 이 사실을 알고 있습니다. 그러나 일반 국민은 사실을 전혀 알지 못하고 있습니다. 심지어는 위험에 노출된 의사들도 알지 못하고 있습니다. 많은 사람이 중공 폐렴에 특효약이 없다고 믿기를 희망합니다. 중공은 폐렴이 극복되기를 바라지 않습니다. 그들은 전 세계 경제와 공공위생이 완전히 망가지기를 바라고 있습니다."

한 미국인 노인은 코로나에 대한 글에 대해서 다음과 같은 댓글을 남겼다.

"내 친구는 류머티즘성 관절염으로 이 약을 먹고 있다. 그의 의사는 그가 그의 시스템에 약 성분이 충분하므로 코로나를 얻는 것에 대해 걱정할 필요가 없다고 그에게 말했다! 나는 3 월부터 그것을 가지고 왔다. 우리 중 누구도 마스크를 쓰고 있지 않았다. 우리는 쇼핑을 했다. 우리는 즉석식을 먹었다. 우리는 전혀 아프지 않았다! 그는 65세이고 저는 63세이다. 하이드록시클로로퀸은 효능이 있다. (Hydroxy chloroquine works!!!)"

3,706명의 과학자가 참여했으며 358,764명의 환자가 참여한 연구가 c19HCQ.com 웹사이트에 기재되었는데 이 연구에서도 대부분 환자의 상태가 상당히 개선된 것으로 밝혀졌다. 하이드록시클로로퀸의 효능과 안정성이 계속해서 밝혀지며 여러 의료 전문가가 닥터 파우치와 그 약을 사용하지 못하게 만들었던 사람들을 비난하기 시작했다. 그들 중 한 명인 전염병 전문가 스티븐 해필은 2021년 4월에 스티브 배넌의 워룸 프로그램에 출연해서 이렇게 주장했다.

"하이드록시클로로퀸의 사용에 의도적인 간섭이 있었습니다. 그리고 우리는 엉망진창인 상태에 처해 있습니다. 파우치(Fauci) 박사와 전문가들은 이 약에 나쁜 이름을 붙여 수십만 명을 죽게 만든 책임이 있는 것이 확실합니다. 이들은 하이드록시클로로퀸의 신용을 떨어뜨려 실험적인 백신을 추진해서 경제적 이득을 얻었습니다."

원 뉴스(One News Now)에 나오는 앤서니 파우치 박사가 2005년부터 클로로퀸이 코로나바이러스의 효과적인 억제제라는 사실을 알고 있었다고 주장하며 그 근거로 닥터 파우치의 공적인 National Institutes of Health 출판물을 들고 나왔다. 이 출판물에는 하이드록시클로로퀸의 효능을 알려주는 연구가 실렸는데 2005년에 국립보건원 국립 의학 도서관에 색인이 되었고 바이러스학 저널에도 실렸다.

2021년 5월 말에는 파우치 박사의 수천 개의 이메일이 쏟아져 나오며 미국을 발칵 뒤집어 놓았다. 이메일을 유추해보면 파우치 박사가 우한 실험실 유출과 하이드록시클로로퀸의 효과를 알고 있었다는 것이 확실해 보여서 공화당 의원들에게 공격을 받게 되었다.

아직도 파우치(Fauci) 박사와 의료 커뮤니티가 약을 중상모략함으로 인해 대부분 병원에서는 예방적 또는 초기치료의 목적으로 이 제품을 사용한 치료가 거부당하고 있다. 그러나 많은 의사는 이런 거짓에 대응하면서 코로나로 죽어가는 사람들을 살리려고 노력하고 있다.

피터 맥캘러(Peter McCullough) 박사는 하이드록시클로로퀸이 세계에서 가장 널리 사용되는 치료제라고 말하며 이 치료 약이 작동하지 않을 가능성은 170 억분의 1로 계산된다고 주장했다.

"하이드록시클로로퀸이 작동하는지에 대해서는 논란이 없습니다. 논란은 COVID-19에 대한 공중보건 접근 방식에 관한 것입니다. 바이러스가 세포 내부로 침투하므로 세포 내부로 들어가 바이러스 복제를 줄이기 위해 작용하는 약물 하이드록시클로로퀸을 사용해야 합니다."

그동안 하이드록시클로로퀸이 치료제라고 외쳤던 사람들이 음모론자들이라고 공격을 당했다. 그러나 수많은 논문, 임상실험데이터, 그리고 연구자료들이 쏟아지면서 그들이 음모론자가 아니라는 것이 드러났다. 수많은 환자를 하이드록시클로로퀸으로 치료한 후 대중에게 "코로나바이러스에 치료제가 있다"라고 외친 닥터스텔라가 자신을 음모론자로 몰았던 자들에게 유튜브에서 사과하라고 외쳤다.

"저는 저를 미쳤다고 한 CNN, CNBC, 뉴욕타임스, 할리우드, 저를 미쳤다고 했던 모든 사람이 우리에게 사과할 것을 요구합니다. 제가 하이드록시클로로퀸이 효과가 있다고 말했을 때 저를 미친 사람으로 욕했던 비디오를 만든 사람들로부터 말입니다. 우리는 사람들이 죽는 것을 허락하지 말아야 합니다. 전 FDA, CDC, NIH 여러분 모두를 말하는 겁니다. 이제 효과가 있다고 말하는 연구가 넘쳐나고 있습니다. 50만 명 이상의 사망자에 대해 누군가 책임을 져야 합니다. 심지어 조 바이든도 저를 미쳤다고 했어요. 여러분 모두에게 사과를 요구합니다. 왜냐하면, 내가 진실을 말할 때, 여러분 중 아무도 듣지 않았으니까요. 당신은 우리를 언론에

서 사라지게 했고 사람들을 죽게 내버려 두었습니다. 당신들 모두 사악해요. 정말 사악해요. 그리고 여러분은 누군가가 책임을 져야 할 필요가 있다는 것을 알고 있습니다.”

만약 백신보다 훨씬 부작용이 없으면서 더 효과적인 치료제를 손쉽게 구매할 수 있었다면 코로나는 독감보다 더 시시하게 종말을 맞이하고 팬데믹은 없었을 것이다. 그러나 이들은 치료제를 감추고 락다운을 시키고 백신을 팔았다.

이들이 인류에게 저지른 엄청난 범죄가 드러났지만, 이들은 더 큰 부자가 되었고 더 큰 권력을 누리고 있다. 다시는 이런 일이 일어나지 않게 범죄를 저지른 자들을 끝까지 추적해서 대가를 치르게 만들어야 한다.

9. 이버맥틴

2021년 5월3일에 Fox 32에서 이버멕틴이란 코로나 치료제에 관련된 매우 흥미로운 뉴스를 보도되었다. 시카고의 엘름허스트 병원에서 코로나에 감염된 68세의 누리제 파이프(Nurije Fype)가 증세가 심각해져서 입원했다. 그녀의 딸 데시 파이프(Desi Fype)는 병원에 이버멕틴(Ivermectin)을 어머니에게 투여해 달라고 했다. 그러나 병원에서는 FDA에서 승인하지 않았다는 이유로 이버멕틴(Ivermectin) 치료를 거부했다. 그녀는 병원에서 의사들이 그녀의 어머니를 이버멕틴으로 치료하게 하려고 며칠 동안 싸웠다. 결국, 판사에게까지 누리제 파이프(Nurije Fyke)에게 약을 투여하라는 명령서까지 가져왔지만, 병원은 계속 거부했다. 그녀와 가족 그리고 변호사가 끝까지 싸우자 결국 3일 만에 외부에서 의사가 들어와서 어머니에게 약을 투여하는 것은 허락했다.

가족 변호사는 FOX 32와의 인터뷰에서 누리제 파이프(Nurije Fype)가 1회 복용한 후 이미 호전될 조짐을 보인다고 말했다. 딸이

포기하지 않고 이버멕틴(Ivermectin) 치료제를 어머니에게 투약해서 살린 것이었다. 파이체의 딸은 “저는 판사가 느끼는 실망과 공포를 똑같이 느꼈다. 한 여성의 삶이 삶과 죽음의 경계선에 있을 때 그들은 변명의 여지가 없는 행동을 했다.”라고 말했다.

이 사건에 대해서 프런티어 코비드 19 크리티컬 케어 얼라이언서(Frontier COVID-19 Critical Care Alliance)의 피에르 코리는 이렇게 말했다.

“엘름허스는 병원은 치료제 사용의 가능성을 근본적으로 닫았습니다. 그들은 의사가 세계에서 가장 안전한 약 중 하나를 사용하는 것을 허락하지 않습니다. 비록 그것이 효과적이라는 것을 보여주기 위해 증가하는 증거들이 있음에도 불구하고 말입니다, 우리 단체의 여러 연구결과는 이버멕틴(Ivermectin)이 Covid와 싸울 때 ‘매우 큰 이점’을 가지고 있다는 압도적인 증거를 보여주고 있습니다. 모든 독립적인 과학자 그룹들도 같은 결론을 내립니다: 압도적인 증거가 아버멕틴이 치료의 기준이 되어야 한다는 것을 암시합니다.”

기생충 감염을 치료하는 데 일반적으로 사용되는 반합성 약물인 이버멕틴(Ivermectin)은 1960년대 도쿄에 있는 키타사토 연구 기관(Kitasato Institute)의 미생물학자인 사타시 오무라(Satoshi Omura)와 당시 뉴저지의 머크 연구 실험실(Merck Research Labs)에서 일하던 미국 생물 학자이자 기생충학자인 윌리엄 캠벨(William Campbell)에 의해 처음 발견되었다. 오무라는 일본에서 수집한 토양 샘플에서 미생물을 분리하고 항기생충제에 유망한 샘플을 미국에 있는 캠벨에게 보냈다. 그중 에버멕틴(Avermectin)으로 불리게 되는 화합물이 포함되어 있었다. 과학자들은 에버멕틴(Avermectin)을 화학적으로 개선한 것이 구충제로 만들어진 이버멕틴이다.

1981년 동물용 상업용 제품으로 처음 소개된 이버멕틴은 폐기생충, 진드기, 이, 장충, 진드기를 비롯한 다양한 기생충에 대해 유용성이 입증되었다. 그 후 호주 연구진은 이버멕틴(ivermectin)이 생명을 위협하는 인간 질병을 유발하는 두 가지 바이러스인 인간 면역 결핍 바이러스-1 (HIV-1) 및 뎅기 바이러스(DENV)에 대해 강력한 항바이러스 효과를 발휘한다는 사실을 발견했다. 참고로 HIV바이러스는 코로나바이러스와 매우 흡사하다. 이버멕틴은 또한 베네수엘라 뇌염 바이러스 및 인플루엔자 바이러스와 같은 다른 바이러스 병원체의 감염을 제한하는 것으로 밝혀졌다.

매우 저렴하고 안전한 이 약은 코로나바이러스부터도 감염을 막아줄 뿐만 아니라 바이러스 증식을 막아주어서 예방과 치료에 쓰일 수 있다는 것이 여러 연구로 이미 밝혀졌다. 40년 동안 사용하고 수십억 번의 투여에서 관찰된 것처럼 부작용은 가볍고 드물었다.

그렇다면 어떻게 이 가장 안전한 약 중의 하나인 이버멕틴(Ivermectin)이 악마화되어서 대중이 사용하지 못하게 되었나? 이 약도 하이드록시클로로퀸과 마찬가지로 무수한 공격을 당했다. 우선 이버멕틴을 사용하지 못하게 된 데에는 미국식품의약국(FDA)과 관련이 깊다.

그들은 미국 소비자에게 이버멕틴을 COVID-19 치료 또는 예방에 사용해서는 안 된다고 계속 경고하고 있다. FDA 웹사이트는 "왜 코로나 19를 치료하거나 예방하기 위해 이버멕틴을 사용하지 말아야 하는가"라는 제목의 페이지를 가지고 있다. 그리고 이 페이지는 기생충을 치료하기 위한 아주 특별한 용량에서만 그 약이 승인되었고, 대량으로 복용하면 위험하다고 말한다. 질병 통제 예방센터(CDC)도 바이러스를 억제하는 유일한 해결책으로 백신만을 강조했다. 이 약은 유튜브와 페이스북에서 "정책 위반"으로 검열을 받았다. 만약 이버멕틴에 대한 진실을 알리면 "의학적 허위정보", 혹은 "사람들을 오도할 수 있다"라는 글이 떴다. FDA, CDC, 빅테크 그리고 언론들의 비방으로 인해 결국 많은 의사는 감히 그것을 추천하지 못했다. 보통사람들도 그것을 대안으로 받아들일 엄두를 내지 못하며 많은 코비드 환자들이 조용히 죽어갔다.

그러나 이버멕틴이 사용된 지역에 코로나 환자가 급격하게 줄면서 사람들이 이버멕틴에 대한 거짓 정보에 대해 의심하기 시작했다. 그뿐만 아니라 진행된 이버멕틴이 계속해서 나오며 많은 사람이 선동에서 깨어나기 시작했다.

최근에는 약학과 치료학을 다루는 유명한 격월간 의학 저널인 아메리칸 저널 오브 트리트먼트(American Journal of Threatics)는 코로나바이러스(CCP)로 알려진 코로나바이러스(COVID-19)를 억제하기 위해 정기적으로 이버멕틴을 사용할 것을 권고하고 있다고 라이프사이트 뉴스가 보도했다. 연구자들은 이버멕틴을 정기적으로 사용하면 코비드-19에 감염될 위험이 상당히 감소하고 사망률과 회복 시간이 많이 감소한다고 주장했다.

"이버멕틴 배포 캠페인이 인구 전체의 질병 감염률과 사망률의 급격한 감소를 초래하는 캠페인입니다. 이버멕틴이 COVID-19의 모든 단계에서 효과적입니다."

폐 및 중환자 치료의학의 전문가인 폴 메릭(Paul E. Marik)도 이렇게 주장했다.

"우리의 최근 연구에 따르면 증거 전체를 조사할 때 이버멕틴이 COVID-19에 대한 안전한 예방 및 치료로서 매우 효과적이라는 것은 의심의 여

지가 없습니다. 우리는 의료 및 과학적 증거를 정직하게 조사하기 위해 더는 대규모 보건당국에 의존할 수 없습니다. 따라서 우리는 전 세계의 지역 공중 보건당국과 의료전문가에게 이 전염병을 영원히 끝내고 즉시 치료하도록 이버멕틴이 치료 표준에 포함되기를 요구합니다.”

멕시코에서 코로나 확진율이 급격하게 늘 때 이버멕틴이 들어가 있는 의료 키트를 국민에게 전달해서 코로나전파를 막았다. 최근 코로나로 큰 타격을 받은 인도도 이버멕틴을 중요한 치료제로 사용하기 시작하자 코로나 확진율이 가파르게 떨어졌다.

mRNA 백신을 개발한 로버트 먼로 박사는 위의 표에서 아프리카에서 이버멕틴을 사용한 국가와 사용하지 않은 국가의 사망률을 비교하면서 이런 말을 남겼다.

‘너무나 이상한 우연이다.’

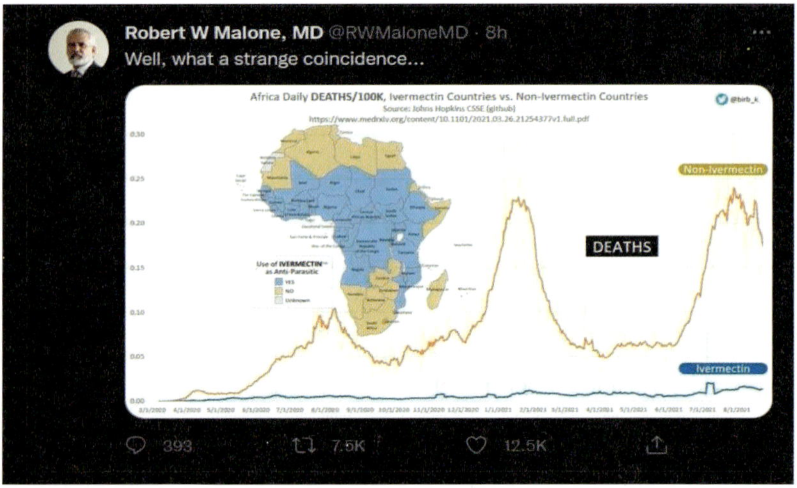

(이버멕틴을 사용한 아프리카 국가와 사용하지 않은 국가)

2021년 12월 말에 아는 사모님이 코로나 중증으로 인해 입원하셨다는 말을 듣고 급하게 이버맥틴을 들고 병원을 찾았다. 병원에 도착한 후 담당의사에게 연락을 해서 이버맥틴을 환자에게 전해달라고 부탁을 했다. 그러나 담당의사는 의외로 싸늘한 응답을 했다.

- **이버맥틴은 효과가 없는 것으로 밝혀졌습니다.**
- **무슨 소리예요. 그런 논문들은 가짜인 것으로 밝혀졌고 수백편의 논문이 이버맥틴이 효과가 있다고 증명하고 있습니다.**
- **의사입니까?**
- **아니지만 많은 전문가들의 글을 읽어보아서 잘 알고 있습니다.**
- **보호자이신가요?**
- **아니지만 보호자의 부탁으로 왔습니다.**
- **반입이 안되는데 보호자가 직접 연락하도록 해주세요.**

하이드록시클로로퀸처럼 안전했던 이버멕틴은 권력을 가진 사악한 자들에 의해 위험한 약물 취급을 받았다. 그러나 계속해서 드러나는 연구결과는 그들의 거짓말을 적나라하게 벌거벗기고 있다. 만약 이들이 거짓으로 치료제를 덮지만 않았어도 많은 죽음을 피할 수 있었을 것이다. 그러나 거대제약회사와 의료계는 기득권을 이용해 저렴한 치료제를 죽이고 모든 사람에게 위험한 백신을 접종하려 했다. 반드시 이자들이 법의 심판을 받도록 해야 한다.

10. 부데소니드

영국 옥스퍼드대 연구진 "증상 발현 후 7일 내 투여시 입원률 90%↓"
시중에 쉽게 구할수 있는 약...해열 속도 빠르고 지속적 증상 수도 적어

(2021년 2월 10일 연합뉴스자료)

2021년 4월에 에린 마리아 올제웨키(Erin Maria Olzeweki)라는 간호사가 레마 바이블 대학(Rhema Bible College)에서 열린 건강

과 자유 콘퍼런스(Health and Freedom Conference)에서 그들이 코로나 환자를 살해하는 걸 기록했다고 증언했다.

육군 참전용사였던 그녀는 위험의 최전선에 서고 싶어서 플로리다에서 뉴욕 퀸즈로 자원해서 갔다. 퀸즈에 있는 엘름허스트 병원에 있었던 그녀는 할 일 없이 3일 동안 빈둥거렸다. 다른 간호사들도 21일이나 한 달 내내 일주일에 1만 달러를 받으며 앉아 있었다. 그녀는 그 당시 상황을 이렇게 설명한다.

"산소호흡기 병실에는 환자가 혼자 있었습니다. 가족도 들어갈 수 없었습니다. 사람들은 심각한 의료 과실과 잘못된 관리로 인해 죽어가고 있었습니다. 저에게는, 받아들이기가 정말 어려웠습니다. 뉴욕에서 왜 그렇게 많은 사망자가 발생했는지 그 순간 모든 것이 이해가 되었습니다. 그들은 하이드록시클로로퀸과 같은 대체적인 치료를 금지하고 있었습니다. 그들이 할 수 있는 유일한 일은 사람들을 인공호흡기로 채우는 것이었습니다.

플로리다에서 우리는 하이드록시클로로퀸과 아연으로 환자들을 치료했는데 그들은 나았습니다. 더 나쁜 것은 보건복지부의 재정적 성과보수가 환자 사망을 더욱 증가시켰다는 것입니다. COVID-19 환자가 입원하면 13,000달러를 주었고 입원 환자들에게 그들도 환자를 죽일 것으로 알고 있는 인공호흡기를 달면 3만9천 달러의 성과보수를 주었습니다. 어떤 경우에는 사망자 한 명당 1만 달러를 지급했습니다. 그들은 가족이 쫓겨나서 감시할 수 없는 것을 이용했습니다."

가슴 아픈 상황에 대해 몹시 울부짖은 후, 그녀는 변호사와 상의해서 그녀가 목격한 모든 것을 철저히 기록해서 세상에 알렸다.

미국 텍사스주 내과 의사인 리처드 바틀렛도 코로나 기간에 많은 돈을 벌 기회가 있었다. 그러나 그는 환자를 살리는 길을 선택했다. 그는 응급실로 들어오는 호흡이 곤란한 환자들을 어떻게 치료할 것인가를 고민하며 기도했다. 그때 그의 머릿속에 산소호흡기가 아닌 한 약품이 떠올랐다. 그 약품은 다름 아닌 부데소니드였다. 그가 부데소니드 등을 섞은 약물을 환자에게 흡입하게 했을 때 놀라운 일이 일어났다. 환자들이 산소호흡기를 차지 않고 치료가 되었다. 그는 2020년 3월부터 코로나 19 환자 400명에게 부데소니드 칵테일 요법을 시행한 것이 알려져 미국 포천지에 실리기도 했습니다. 그는 또 코로나 19 환자 치료 사례를 미국 학회지인 '메디컬인터넷리서치'에 투고해서 많은 사람에게 호흡 곤란을 겪는 코로나 환자들을 치료하는 방식을 알려주었다.

부데소니드는 스테로이드 계통의 이 약물은 천식은 물론 만성폐쇄성폐질환(COPD) 등에도 처방된다. 항바이러스 효과가 뛰어난 부데소니드는 항바이러스 효과가 뛰어나고, 폐로 흡입하기 때문에 전신 부작용 위험이 적다. 닥터 리처드 바틀렛은 이 약품이 마치 불이 붙은 곳에 소화기를 뿌리는 것과 같다고 말했다.

2021년 2월 10일에 로이터통신은 영국 옥스퍼드대 연구진이 코로나 19 환자 146명을 대상으로 28일간 천식 치료제인 부데소니드를 사용한 연구결과를 공개했다. 연구진은 코로나 19 증상 발현 후 7일 안에 부데소니드를 흡입할 경우 응급 치료를 받거나 입원할 위험이 90% 감소했다고 밝혔다. 연구에 참여한 모나 바파델 옥스퍼드대 너필드의대 호흡기내과 부교수는 "비교적 안전하고 쉽게 구할 수 있으며 연구도 많이 된 약이 팬데믹이 주는 압박에 영향을 미칠 수 있다는 점에서 희망이 생긴다."라고 말했다.

다음은 부데소니드에 대한 증언이다.

"… 저는 흡입 스테로이드 [budesonide]와 같이 비교적 안전하고 널리 이용 가능하며 잘 연구된 약이 대유행 기간 우리가 겪고 있는 어려움에

영향을 미칠 수 있다는 사실에 가슴이 벅차오릅니다."

-옥스퍼드대학 모나 바파드헬(Mona Bafadhel) 교수

"내가 사람들의 목에 튜브를 넣지 않아도 되는 것을 아는 것으로 충분합니다. 그들은 튜브를 꺼내지 못할 수도 있다는 것을 알고 있습니다."

-프리오 리저널 병원 중환자실의 돌봄이 안드레아 멜콤(Andrea Malcolm)

"수일 동안 나는 세상을 떠나리라 생각했습니다. 집에서 부데소니드 치료를 받은 지 몇 시간 만에 나는 내가 살아나리라 생각했습니다. 둘째 날 기분이 좋아졌습니다. 셋째 날 나는 훨씬 나아졌습니다. 여덟째 날 나는 매우 좋아졌습니다. 열흘째에 테스트가 음성으로 나왔습니다. 이제 나는 다른 사람들을 도울 수 있습니다."

-코로나 생존자 프렌시스코 베자라노(Francisco Bejarano)

"바틀렛 박사의 성공에 대한 비디오를 보지 못했고, 내가 부데소니드 처방을 요구할 수 있는 수단이 없었다면 나는 병원 인공호흡기를 끼고 있어서 이 편지를 쓰지 못했을 것입니다."

-코로나 생존자 제임스 로이드(James Lloyd)

수많은 사람이 코로나의 공격으로 인해 호흡이 곤란해질 때 산소호흡기를 착용했다. 그리고 산소호흡기를 착용한 많은 사람은 한 명, 한 명씩 세상을 떠났다. 만약 부데소니드를 적극적으로 사용했다면 안타깝게 생명을 잃은 사람들을 많이 줄였을 것이다.

11. 기타 치료제

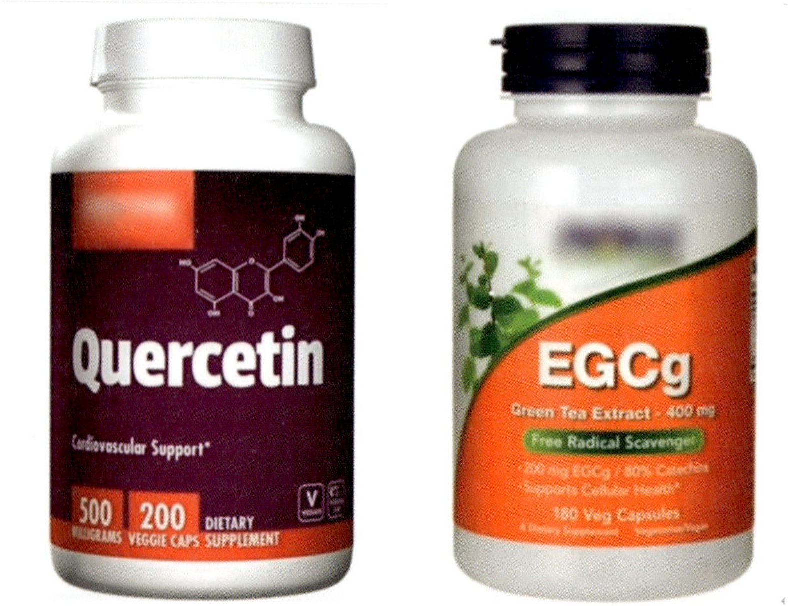

케르세틴 (Quercetin)과 에피갈로카테킨 갈레이트 (EGCg: Epigallocatechin Gallate)

블라데미 젤란코(Vladimir Zelenko) 박사는 자신이 개발한 젤란코 프로토콜(Zelenko Protocol)로 7000여 명의 코로나 환자들을 치료했다. 그의 프로토콜은 효능이 여러 사람에게 알려져서 전 세계적으로 수백만 명의 코비드 환자를 치료했다. 그의 프로토콜은 다음과 같다.

1. **하이드록시클로로퀸**(Hydroxychloroquine): 200mg, 5일 **동안 하루 두 번**

2. 아연(Zinc sulfate): 220mg, 5일 동안 하루 한 번
3. 아지트로마이신(Azithromycin): 500mg, 5일 동안 하루에 한 번

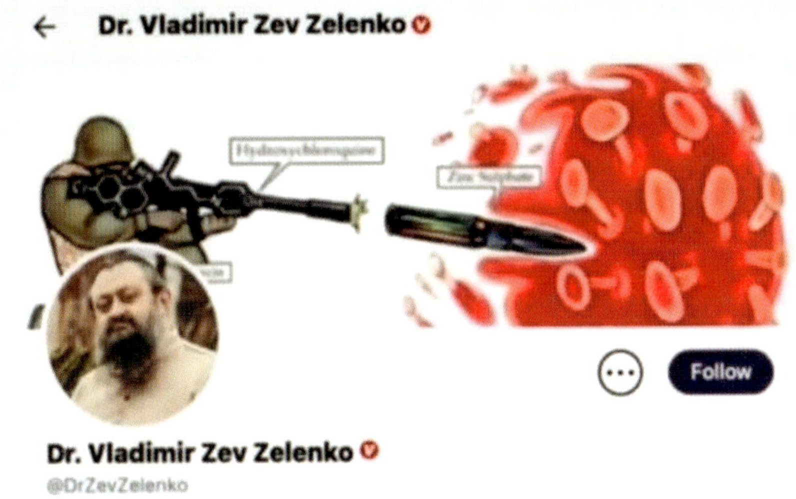

(하이드록시클로로퀸과 아연의 역할)

젤란코 박사에 따르면 아연은 총알처럼 바이러스를 공격을 해서 증식을 못 하게 하는데 그 아연을 세포 내로 보내주는 것이 하이드록시클로로퀸이다. 하이드록시클로로퀸의 도움이 없이는 아연이 코로나바이러스를 공격할 수 없으므로 하이드록시클로로퀸이 매우 중요하다. 젤란코 박사는 자신이 개발한 프로토콜로 지난 7개월간 사망자 한 사람 없이 모두 치료할 수 있었다고 했다.

그러나 미국에서 하이드록시클로로퀸의 구매가 점점 더 어려워지자 젤란코 박사는 하이드록시클로로퀸 대체재를 대중에게 소개했다. 첫 번째 대체재는 케르세틴(Quercetin)이고 두 번째 대체재는 녹차 추출물인 에피갈로카테킨 갈레이트 (EGCg: Epigallocatechin Gallate)이

다. 이 두 약품은 미국에서 매우 쉽게 구매할 수 있는데 하이드록시클로로퀸처럼 아연이 총알의 역할을 하는 데 도움을 준다.

만약에 시간이 있으신 분은 천연 하이드록시클로로퀸을 만들 수 있다. 베티 마티니(Betty Martini) 박사는 만드는 방법을 다음과 같이 알려주고 있다.

1. 레몬 2~3개와 자몽 2~3개에서 껍질만 벗겨서 냄비에 넣고 껍질 위로 3인치 정도 높이로 물로 덮어라. 유리 뚜껑이 있으면 유리 뚜껑으로 덮으면 좋다. 없으면 금속 뚜껑도 괜찮다.
2. 약 2시간 동안 끓이고 완전히 식을 때까지 냄비의 뚜껑을 열지 말라.
3. 식힌 후에 기호에 맞게 꿀이나 설탕을 넣어주라. 매일 1-2스푼씩 먹으면 된다. 만약 코로나에 걸려서 폐에서 가래를 꺼내려면 2시간마다 1 테이블스푼씩 마시면 된다. 이후 상태가 호전되면 중단하라.

12. 사랑하는 사람을 코로나로 잃지 않는 법

케이트 달리(Kate Dolly)

(원래는 이 내용을 이 책에 포함시킬 생각은 없었다. 그런데 아는 지인에게서 온 카톡 때문에 케이트 달리(Kate Dolly)라는 유명한 라디오 호스트가 '코비드 폐렴'에 걸린 남편을 빨리 회복시켜서 집으로 데려온 이야기를 포함시키게 됐다. 이 내용은 '백신, 미친짓이다'라는 책에도 포함되어있지만 치료와 디톡스에 집중한 이 책에도 꼭 포함시켜야 할 것 같다. 왜냐면 좋은 의사들도 많지만 어떤 의사들은 자신들이 무슨 일을 하는지 모르기 때문이다.

케이트 달리(Kate Dolly)가 방역 당국과 의료진들의 이야기만 들었다면 남편을 잃었었을 수 있다. 그러나 코로나와 백신에 대해서 잘 알고 있는 최전방에서 일하는 의사들의 조언을 받아서 남편을 살릴 수 있었다.

미국 병원은 코로나 환자에게 매우 위험하다. 왜냐면 환자가 입원하면 13,000달러(1,500만원), 인공호흡기를 달면 3만 9천 달러(4,500만원), 사망하면 추가 인센티브를 병원에서 받을 수 있기 때문이다.

그들은 조기치료를 하지 않다가 환자가 위급해지면 인공호흡기를 달고 CDC 프로토콜에 따라 효과적인 치유제 대신에 람데시비르와 같이 비싸지만 오히려 병을 악화시키는 약을 투입한다. 그래서 많은 환자들이 죽은 것으로 보인다.

이 증언에는 우리 자신과 주위 사람들을 살릴 수 있는 매우 중요한 내용이 포함되어 있다.)

케이트 달리 쇼에 오신 것을 환영합니다. 저는 오늘 우리 병원에서 일어나고 있는 일에 대해 진지하게 이야기하고 사랑하는 사람을 돕고 구할 방법에 대해 알려드리고 싶습니다.

저는 최근 폐렴에 걸린 남편과 함께 꽤 고통스러운 경험을 겪었습니다. 제 남편은 약 7일 동안 폐렴을 앓았고 친한 의사 친구가 와서 측정한 결과 산소포화도가 79로 떨어졌기 때문에 우리는 산소를 얻기 위해 병원에 갔습니다. 그때 우리는 불쾌한 간호사를 만났습니다. 제가 불쾌한 간호사라고 부르는 이유는 남편이 숨조차 쉴 수 없었을 때 그녀가 남편에게 마스크를 씌우려 했기 때문입니다. 의학 상식으로는 숨을 쉴 수 없는 사람에게 그렇게 하지 않습니다. 저는 "남편에게 마스크 씌우지 마"라고 말했고 그녀는 즉시 전화를 걸어 경비원을 불렀습니다. 그리고 경비원은 그녀가 거친 일을 하는 동안 제가 아무 말도 하지 못하게 옆에 서 있었습니다. 의학적 감각을 가진 사람이 숨을 쉴 수 없는 사람에게 마스크를 쓰는 것을 상상할 수 없지만 이런 사람들이 우리 병원에서 일하고 있습니다.

남편은 단순한 암모니아 증상이 있었지만, 그들은 코로나검사를 요구했습니다. 코비드 테스트는 주기 임곗값을 최대 40으로 맞추어 놓았습니다. 25 이상은 가짜 양성이 많이 나오지만, 테스트는 모든 독감, 바이러스, 감기 및 그 안에 있는 모든 것을 포괄하는 최대 40입니다. 당연히 양성이 나오리라 생각했는데 제 예상대로 양성이었습니다. 이런 검사를 질병 검사라고 해야 하는데 코로나검사라는 이름으로 거짓 양성을 만들어 낸 것입니다.

코비드가 양성으로 나오자마자 마치 사이렌이 울리고 종소리가 울려 퍼지는 것 같았습니다. 몇 초 전에 우리는 함께 앉아서 수다를 떨었고 증상에 관해 이야기를 나누었습니다. 그런데 갑자기 모두 가운을 입고 장갑을 끼고 이중 마스크를 쓰고 우리를 페스트에 걸린 사람들처럼 대했습니다.

엑스레이를 찍은 것이 나왔는데 양쪽 폐에 하얗고 뿌옇게 흐려진 부분이 있었는데 코비드 폐렴이라는 진단을 받았습니다. 그런데 엑스레이는 의심할 정도로 2000년, 2006년, 2017년 폐렴과 같았습니다. 3년 전만 해도 그냥 폐렴이었을 것인데 오늘은 코로나바이러스 폐렴입니다. 그래서 저는 코비드 폐렴이 무엇이냐고 물어보았습니다. 그들은 코로나 발생 후 19개월이 지났지만, 아직도 너무 파악하기 어렵고 신비하므로 그것이 무엇인지 정확히 알 수 없지만, 그것을 코비드 폐렴이라고 부릅니다. 저는 코비드 폐렴과 큰돈이 연관되어 있다고 생각합니다.

폐렴에 걸리면 산소를 얻고 안정을 유지하고 집으로 가서 치킨 수프를 마시고 텔레비전을 보는 것입니다. 그러나 코로나검사로 양성이 나오면 병원에서는 완전히 다른 길로 간다는 것입니다. 그것은 중환자실입니다. 이것은 고유량 산소요법(High Flow)입니다. 아시다시피 두 방법 다 고유량 산소요법을 사용하여 다시 안정을 얻을 수 있지만, 그들은 정책을 변경했습니다. 이전에는 일반병실에서 산소요법을 받았지만, 최근에는 중환자실에 보내집니다.

그들은 중환자실로 보내며 7-10일이 될 것이라고 합니다. 그래서 그들은 병원의 다른 층에서 환자를 돌볼 수 있지만, 이제는 환자가 7에서 10일 동안 응급실에 있어야 하고 그들은 응급실이 가득 찼다고 말할 수 있습니다. 그래서 지금 응급실은 넘쳐나고 있습니다. 당신은 이런 이야기를 정책 변경으로 인해 계속 듣게 될 것입니다.

우리가 응급실에 있을 때 다음 단계는 인공호흡기라는 말을 들었습니다. 그래서 저는 "우리는 그렇게 하지 않을 것입니다."라고 말했습니다. 그러자 그들은 "인공호흡기를 원하지 않는다는 말이 무슨 말이냐"고 물었습니다. 그래서 저는 "우리는 인공호흡기를 선호하는 가족이 아닙니다."라고 말했습니다. 그러자 그들은 제가 마치 화성에서 온 것처럼 보았습니다. 저는 치사율이 75~80%에 달하는 인공호흡기와 과잉치료하는 대신 스스로 다시 숨을 쉴 수 있게 되기를 원했습니다. 인공호흡기의 사망률이 이렇게 높은데 병원에 처음 들어왔을 때부터 인공호흡기 얘기를 했다는 그것이 정말 무섭습니다. 결론을 미리 말씀드리면 제 남편은 3일 반 후에 중환자실에서 가장 빨리 나갔습니다.

그들은 인공호흡기에 관한 결정은 남편의 삶이지 부인의 삶이 아니므로 부인이 결정 내리지 못한다고 했습니다. 그리고 제 남편은 인공호흡기를 통해서 고용량 산소요법을 받지 않으면 뇌 손상을 입게 될 것이라는 말을 들었습니다. 그래도 남편은 "알았습니다. 그래도 나는 인공호흡기를 사용하지 않겠습니다."라고 말했습니다.

그래서 우리는 응급실에 갔고 남편을 만나기 위해 갑자기 방호복을 입은 옷을 입어야 했습니다. 나는 7일 동안 그 남자와 함께 지내고 침대에도 같이 누웠지만, 병에 걸려 아프지 않았습니다. 하지만 이제는 지옥에서 온 것 같은 방호복을 입어야 했습니다. 내가 그에게 인사하고 싶을 때마다 그는 방호복을 통해 나오는 내 목소리를 거의들을 수 없었습니다.

기도와 축복 외에 우리가 성공한 유일한 이유는 우리에게 고용량 비타민 C를 주사하라고 촉구하는 놀라운 의사들이 있었기 때문이었습니다. 비타민 C를 요구하면 많은 의사는 당신을 비타민 소녀라고 부르며 부끄럽게 만들 수 있습니다. 그러나 고용량의 비타민 C는 고용량에서 암세포를 죽이고 핵산을 돕고 염증인 폐렴에 도움이 된다고 알려져 있으므로 고용량 정맥 주사를 요구했습니다. 최전선 의사들은 나에게 비타민C 외에 고용량 비타민D, 아연, 그리고 그를 도울 수 있는 모든 것을 얻으라고 말했습니다. 그래서 제가 이 모든 것을 요구하자 그들과의 말다툼이 시작됐습니다.

"프로토콜이 아닙니다."
"상관없어요. 원해요."
"그건 프로토콜이 아닙니다. 우리는 그렇게 하지 않습니다."
"중환자실 환자들에게 비타민과 영양소를 주지 않는군요. 왜요?"
"우리는 프로토콜이 아니라 그렇게 하지 않습니다."

CDC 패널이 병원에 프로토콜을 위해 무엇을 해야 하는지 알려주기 위해 보낸 341페이지가 있습니다. 내가 제 이야기를 다 끝내기 전에 여러분에게 알려드리는 결론은 이것입니다.

"환자를 죽이는 것은 코비드가 아니라 프로토콜입니다. 과잉 치료입니다."

마침내 그들은 정맥 주사를 하겠다고 말했고 500도스에 고정했습니다. 500의 복용량은 아이에게 주는 용량과 같습니다. 그것은 녹는 작은 오렌지 비타민을 취하는 것과 같습니다. 그래서 저는 '아니오'라고 말하며 계속 물러서지 않고 주장해야 했습니다. 계속되는 반대에도 우리는 굽히지 않고 요구사항을 계속 주장했습니다. 제 딸들은 훌륭했습니다. 제 딸들은 무슨 일이 일어나고 있는지 잘 알고 있었습니다. 그리고 무엇을 요구해야 하는지 정확히 알고 있었고 이 모든 일에 정통했습니다. 제가 19개월 동안 한 코로나에 관한 연구와 좋은 최전방 의사들이 남편을 도왔습니다. 그러므로 제가 여러분에게 이 내용을 전달하고 있습니다.

여러분이 환자이거나 환자의 가족이라면 이런 것들을 요청할 수 있습니다. 아니 요청할 뿐만 아니라 강력히 요구할 수 있습니다. 우리는 또한 부데소니드(Budesonide)를 요청했습니다. 그들은 우리는 부데소니드(Budesonide) 사용하지 않는다고 말했습니다. 제가 왜 안 쓰냐고 물어보았습니다.

그들의 프로토콜의 205페이지에 부데소니드(Budesonide)가 나옵니다. 파우치가 수장으로 있는 NIH 권고, 웩. 죄송합니다. 파우치에 대해서 언급할 때마다 구역질이 나려고 합니다. NIH 권장 사항은 다음과 같습니다.

"패널이 흡입형 부데소니드 사용에 대한 찬성 또는 반대를 권고할 증거가 충분하지 않습니다."

부데소니드가 1년 전에 나왔습니다. 리처드 바틀렛(Richard Bartlett) 박사가 그것에 관해 이야기했습니다. 그는 텍사스에 있는 의사인데 부데소니드에 대해 언급해서 창피를 당하고 방해를 받았습니다.

부데소니드는 염증을 치료하는 스테로이드지만, 그들이 응급실에 넣기를 원하는 스테로이드는 항바이러스제였습니다. 둘 다 장점이 있다고 할 수 있지만, 부데소니드는 은 총알이라고 불릴 정도로 사람들에게 큰 도움을 주는 것으로 알려졌습니다. 의사들이 읽어야 하는데 약 2개월 전에 란셋에서는 부데소니드(Budesonide)를 처방한 사람들이 3일 더 빨리 퇴원하기 때문에 영국에서는 그 약으로 바꾼다는 내용이 실렸습니다.

NIH 보고서에서도 긴급 치료 또는 응급실 필요성을 줄이고 회복시간을 단축할 수 있다고 말합니다. 부데소니드(Budesonide)가 꽤 좋은 것 같지 않습니까?

그러나 그들은 불완전한 데이터 및 기타 제한 사항이 있습니다. 그리고 연구에 인원이 충분하지 않아 연구를 종료했습니다. 권고할만한 증거가 충분하지 않다고 하는데 그 점을 제외하고는 효과가 있습니다.

이버멕틴(Ivermectin), 하이드록시클로로퀸(hydroxychloroquine), 부데소니드(Budesonide)와 같이 효과가 있는 약물이 이렇게 많은데 왜 백신을 개발해야 합니까? 그럴 필요가 없습니다.

그래서 그들은 이 모든 것을 언급하고 보고서 끝에 이렇게 말했습니다.

비타민 C: 불충분한 데이터
아연(Zinc): 불충분한 데이터
보고서 290페이지까지 가보면 비타민D, 불충분한 데이터.

남편은 아세틸시스테인(N-acetylcysteine, NAC)를 복용했습니다. 그리고 10,000 비타민 C와 10000 비타민D를 취했습니다. 그들은 정맥 주사용 아연(Zinc)가 부족하다고 말했습니다. 그들이 그것을 한 번도 사용하지 않는다고 말했는데 왜 부족할까요? 이 모든 치료제를 남편에게 제공하는 데 35시간이 걸렸습니다.

그 후 그는 웃고 이야기하고 저녁을 먹었고 정말 좋아 보였는데 완전히 폐렴에서 벗어나지는 못했습니다. 하지만 그는 웃고 이야기하고 화장실로 걸어가고 의자에 앉아서 영화를 보는 모습을 보고 의사가 와서 말했습니다.

"와, 그는 여기 있는 누구보다 더 괜찮아 보입니다."

우리는 입원 후 3일 반 만에 다른 병실로 옮겼고 오늘 아침 병원에서 완전히 풀려나서 그를 집으로 데려갔습니다. 이것은 총 5일의 병원 입원입니다.

우리는 인공호흡기를 일관되게 거부해야 했고 남편이 제대로 된 치료를 받게 하려고 계속 요청해야 했습니다. 그들이 그것은 우리의 프로토콜에 없다고 말할 때조차도 우리는 계속 요구했습니다.

"상관없습니다. 당신은 우리를 위해 그렇게 해야 합니다."

또 한 가지 중요한 사항이 있습니다. 그들이 우리의 요구를 들어주지 않으면 호스피스를 사용하여 그를 집으로 데려다 달라고 요청했습니다.

"당신은 우리의 말을 듣게 될 것입니다. 왜냐하면, 저는 당신의 프로토콜을 따라가지 않을 것이기 때문입니다. 내 생각에 당신의 프로토콜은 해롭고 마음에 들지 않습니다."

그렇게 하면 환자와 함께 산소와 직원이 따라서 와야 합니다. 그것이 그를 병원에서 진정으로 데려가는 유일한 방법이었는데 많은 사람이 그것을 모릅니다.

나는 의학 학위를 갖은 사람이 비타민이 효과가 없다고 말하는 것을 누군가에게 들었습니다.

"비타민은 효과가 없습니다. 코비드에 사용할 때는 부데소니드도 별로 소용없습니다. 다른 용도에 사용하기 때문입니다."

왜 환자들에게 이 모든 것을 사용하지 않고 손을 비비고 서서 환자가 악화하여서 산소 부족이 되어 가는데도 왜 환자가 나아지는 데 도움을 주지 않고 있습니까? 당신은 그들이 더 악화하기만을 지켜보고 있을 뿐입니다. 그러고 나서 당신이 할 수 있는 최선을 다하고 있으며 이것이 그들에게 제공할 최선의 보살핌이라고 모든 사람에게 말합니다. 그러고 나서 어린아이들조차도 인공호흡기로 채우고 '우리는 할 수 있는 건 다 했습니다'라고 말합니다. '우리는 할 수 있는 것은 다 했지만, 그 살인자 코로나 때문에 그들이 죽은 것 같아요.'라고 말합니다.

이 문제는 프로토콜입니다. 프로토콜입니다. 이런 일을 경험하면서 커튼 뒤를 엿본 후에 이것을 아무리 강조해도 충분하지 않습니다. 프로토콜입니다. CDC에서 내려오는 프로토콜입니다.

인공호흡기를 설치해야 많은 돈을 받을 수 있고 이 모든 코로나 치료를 해야 부수입을 얻습니다. 그리고 응급실은 얼마나 하나요. 하루에 2만~3만 2천 달러? 그런데 남편은 거기에 있을 필요가 없었습니다. 제 남편은 고유량 산소를 받으며 응급실이 아닌 병원의 다른 곳에 있을 수 있었습니다. 과잉 치료를 받으며 이 모든 서커스 쇼를 할 이유가 없습니다.

그럴 이유가 하나도 없습니다. 그리고 제가 무엇을 할 것인지 말할 수 있다면, 저는 실제로 프론트라인 의사 웹사이트에 가서 그들에게 전화를 걸어 화상채팅을 하고 24시간 이내에 약을 받을 것입니다. 나는 아이비 클리닉에 가서 도움이 되는 많은 양의 비타민을 정맥에 주사할 것입니다. 나는 아마 이버멕틴(Ivermectin)과 하이드록시클로로퀸(hydroxychloroquine)을 시험해 볼 것입니다. 저는 그것을 먼저 할 것입니다.

세균성이면 항생제가 필요할 수 있습니다. 바이러스성이면 항생제 필요 없겠죠? 저는 의학 학위가 없습니다. 나는 당신에게 어떤 조언도 해줄 수 있는 의학적인 훈련을 받지 않았지만, 남편이 건강한 남성으로서 누구보다 빨리 응급실을 빠져나간 상황에서 어떤 일이 일어났는지 제가 인식했던 것을 말하려고 합니다.

프로토콜에 이런 많은 것들을 제공하지 않는 것이 무엇인가를 말해준다고 생각합니다. 만약에 그런 것들이 오래된 폐렴과 독감에 곧바로 효력을 발휘한다면 그들은 강제로 환자들을 다룰 수 없습니다. 그러나 그것을 코비드로 이름을 지정하면 확실히 많은 일을 할 수 있습니다. 경제를 폐쇄할 수 있습니다. 투표시스템을 변경할 수 있습니다. 세상도 바꿀 수 있습니다. 그리고 신체의 자율성을 강제할 수 있고 더 큰 이익을 위해 사람들에게 이 모든 것을 제공할 수 있습니다. 더 큰 선은 환상입니다. 더 큰 선은 결정권자들에게만 이익이 되는 것입니다. 언제 이것을 깨달을 수 있을까요?

당신은 당신에게 힘이 있다고 생각합니까? 네, 그렇습니다. 잊지 마세요. 당신은 의사에게 당신이 원하는 것을 말해야 합니다. 당신은 그 환자를 데려가겠다고 말하고 인공호흡기를 사용하지 않는다고 말해야 합니다. 만약 제가 인공호흡기를 거부하고 이 모든 것을 요구하고 프로토콜을 변경하는 유일한 사람이라면 두렵습니다. 왜 더 많은 사람이 이것을 하지 않습니까?

저는 여러분이 제가 병원, 간호사, 의사를 괴롭히는 것이 아니라는 것을 알아주셨으면 합니다. 저는 그들이 환자에게 옳거나 최선이라고 생각하는 것을 하려고 노력하고 있다고 생각합니다. 그들은 자신이 하는 것이 최선의 치료라고 생각하지만 제가 발견한 것은 대부분 의사가 연구를 읽지 않는다는 것입니다. 이것에 관해서는 그들이 무엇을 하고 있는지 모릅니다. 그들은 항상 그것이 이해하기 어렵고 신비하다고 말합니다. 죄송하지만 19개월 후에 할 말은 아닙니다. 그리고 당신은 이 프로토콜에 맞서서 일어나서 이것이 작동하지 않는다고 말할 의무와 책임이 있습니다. 당신은 "왜 우리가 인공호흡기 아래에 사람들을 던지고 있지?"라고 말할 의무와 책임이 있습니다.

그다지 미스터리로 보이지는 않습니다. 왜 이러는 걸까요? 거기에는 간호사와 의사의 책임이 있습니다. 이것은 고의적인 무지이고 그 뒤에 숨어서 코로나를 탓하며 자신은 할 수 있는 모든 것을 하고 있다고 말할 수 없습니다. 이것은 경고입니다. 이것은 그들이 당신에게 도움이 될 수 있는 것들을 추가하지 말라고 말하고 있다는 경고입니다. 그래서 그들은 당신이 강제로 복용해야 하는 백신을 제공할 수 있습니다. 절대로 안 됩니다. 그리고 의사와 간호사가 이에 맞서 반대하고 거부한다면 아마도 우리는 전쟁에서 이길 것입니다. 아마도 우리는 이 전투에서 승리할 것입니다. 어쩌면 우리는 사건의 과정을 바꿀 수 있습니다. 아마도 환자에게 실제로 도움이 될 수 있는 것을 요청하기 위해 아는 사람들과 이것을 충분히 공유한다면 많은 진전을 이룰 수 있을 것입니다.

효과가 있는 일을 하십시오. 다리가 부러지면 아마 병원에 가서 바로 고쳐야 합니다. 그러나 호흡계에서 그들은 서커스를 운영하며 진료 쇼에서 이것과 이것을 해야 한다고 합니다. 그들은 정말로 이것과 이것을 해야 합니까? 제발, 제발, 나는 당신이 이것을 공유하기를 간청합니다.

제 생각에는 그들의 프로토콜이 사람을 죽이고 있다고 생각하는데 이 문제를 바꾸기 위해 제 말을 알려주십시오. 제 생각에는 좋은 간호사와 의사들이 이것을 깨닫지 못하더라도 일어나서 더 많은 질문을 해야 합니다. 의사는 연구를 읽지 않습니다. 그들은 연구를 읽지 않습니다. 그들은 공부하지 않아요. 그들은 병원 행정부에서 최신 정보를 받고 있다고 생각하기 때문에 최신 정보를 모릅니다.

그리고 그것이 문제입니다. 이것을 공유해 주세요. 인공호흡기에 대해 '아니오'라고 말하세요. 그들은 사람들이 인공호흡기를 매우 빨리 사용하게 만들기 원했기 때문에 국가에 충분한 인공호흡기가 있다는 말을 들은 것은 당연합니다.

저는 의학적 조언을 드릴 수 없습니다. 이것은 나에게 일어난 제 상황일 뿐이기에 그냥 그대로 받아들이십시오. 하지만 저는 확실히 이 문제를 이해하는 좋은 의사들을 알고 있어서 그들에게 조언을 구했고 저는 그들의 조언을 받아들였습니다.

그래서 저는 의사가 나쁘거나 간호사가 나쁘다고 생각하지 않습니다. 그러나 이 환자들의 실제 진료에 관해서라면 우리는 프로토콜을 변경하고 그것을 폭로하고 빛을 비춰야 합니다. 여러분 모두가 그렇게 하기를 바랍니다.

제3부 디톡스 자연요법

13. 피해야 할 것

14. 햇빛, 공기, 물, 그리고 소금

15. 디톡스 과일, 음식, 그리고 차

16. 삶의 패턴

13. 피해야 할 것

나는 백신 접종자들의 부작용을 줄일 방법에 대해서 알아보려고 노력했다. 그런데 백신이 전 세계적으로 커다란 문제를 일으키고 있음에도 불구하고 백신의 독성을 제거하는 디톡스에 대한 책을 많이 발견할 수는 없었다. 아마존에서 코로나 백신의 부작용을 돌이키는 방법에 관한 책이 하나 있어서 구매해서 읽어보았는데 조금은 도움을 받을 수 있었다. 그런데 가장 큰 도움은 책보다는 전문가들의 인터뷰 내용과 인터넷 이곳저곳에 흩어져 있는 자료에서 얻을 수 있었다. 앞으로 백신 부작용으로 피해를 보는 사람들은 점점 더 많아지고 넘쳐날 것이기에 이 분야는 더욱 깊이 연구되어야 할 것으로 보인다. 다음의 나오는 내용은 많은 자료들을 통합하고 분석해서 정리한 내용이다.

1. 백신을 피하라.

전 세계적 백신접종이 시작된지 1년이 되었다. 그동안 백신을 접종한 모든 나라에서 많은 부작용이 일어났다. 부스터까지 맞기 시작한 지금 자세히 살펴보면 첫 번째 보다 두 번째, 두 번째 보다 부스터가 더 많은 부작용을 가져오고 있다. 독성이 계속해서 쌓이면서 부작용은 더 늘어나는 것으로 보인다. 현재 상황에서 백신 부작용을 줄이기 위해서는 백신접종을 멈춰야한다.

2. 마스크착용을 피하라.

마스크 사용은 우리몸을 정상화하는데 가장 필요한 면역력을 파괴한다. 마스크를 사용하면 폐가 내뱉으려고 하는 이산화탄소와 다른 좋지 않은 물질들을 다시 들이마시게 된다. 그뿐 아니라 우리가 필요로 하는 산소의 유입을 막는다. 이로 인해 면역력이 더 약화되면 백신을 통해서 몸 안에 들어온 독성을 이겨내는 것이 더욱 더 어려워진다.

3. 고립을 피하라.

여러 바이러스 학자들은 코로나에 걸린 환자가 아니라면 대중은 코로나를 이기려면 사회적 거리 두기와 격리를 피해야 한다고 했다. 그 이유는 인간은 매일 사람들과 접촉하면서 박테리아, 바이러스, 세균을 만남으로 면역력이 더욱더 강해지게 때문이라고 했다.

4. 면역력을 파괴하는 것들을 피하라.

육체적으로는 술, 담배와 같은 몸을 파괴하는 물질을 피해야한다. 정신적으로는 스트레스를 주는 생각을 긍정적인 생각으로 이겨내야 한다. 그 외에 전자기기와 5G를 멀리해야 한다. 특별히 백신 접종자들은 5G가 자신의 몸에 들어와 있는 백신물질을 활성화할 수 있기 때문에 매우 조심해야한다.

5. 나쁜 음식을 피하라.

2021년 9월 13일에 요세미티공원 근처의 스타벅스에서 코로나에 걸렸다가 회복한 한 미국인을 만났다. 그는 학교 선생님이어서 어쩔 수 없이 백신을 맞았다고 했다. 자기에게 태권도를 가르쳐주신 분이 한국에서 온 유명한 태권도 사범이라고 말하며 한국인은 건강한 음식을 먹어서 코로나가 심하지 않을 것이라고 했다. 미국인들이 심하게 걸리는 이유는 HFCS (액상과당) 때문이라고 말하며 피해야 한다고 했다.

나는 그의 말이 맞는지 구글로 찾아보았다. 몇 가지 정보를 보니 그의 말이 사실인 것으로 보였다. 우선 HFCS는 'High Fructose Corn Syrup'의 약자로서 과당이 높은 옥수수 시럽이라는 뜻이다. 그리고 코로나로 많은 미국인이 죽을 때 "Why COVID-19 is killing U.S. diabetes patients at alarming rates?"(왜 COVID-19가 미국 당뇨병 환자를 놀라운 속도로 죽이고 있습니까?) 라는 기사가 있었다는 것도 발견했다. 그 후 '저널 오브 뉴트리션 & 푸드 사이언스'(Journal of Nutrition & Food Science)에서 바로 이 과당이 타입 2 당료와 다른 대사성 질환을 일으킨다는 내용이 나왔다. 결론적으로 우리가 먹는 것으로 인해 우리는 코로나에 더 심하게 걸릴 수도 있고 약하게 걸릴 수도 있다는 것을 확인할 수 있었다. 백신을 맞은 분들은 더 조심해서 액상과당과 가공식품을 피해야 할 것으로 보인다.

그 외에도 우리의 면역력을 헤치는 GMO가 들어간 음식이나 GMO 사료나 촉진제로 사육된 육식도 피해야 한다. 풀만 먹고 자란 소고기가 아닌 것과 갇혀 있으면서 촉진제와 질 나쁜 사료를 먹은 닭이 낳은 달걀도 피해야 한다. '코로나 백신의 부작용을 돌이키는 법'이란 책에서는 다음의 음식도 피하라고 말한다.

- **페스트푸드와 식당음식**
- **유기농이 아닌 과일과 채소**
- **저온 살균된 유제품**
- **햄버거, 감자튀김, 핫도그, 피자, 시리얼, 흰 밀가루**
- **커피, 차, 탄산음료**
- **케이크, 아이스크림**
- **마이크로웨이브로 덥힌 음식**
- **불소치약 등등**

14. 햇빛, 공기, 물, 그리고 소금

인간에게 가장 좋은 것은 하나님이 창조하신 자연에게서 온 것이다. 우리가 이런 자연의 선물을 마음껏 받아들일 때 우리의 몸은 치유될 것이다. 대부분 사람에게는 다음에 나오는 가장 평범한 것이 가장 큰 효과를 줄 수 있다.

첫째, 햇빛을 받으라.

2020.04.21.일자 암 전문미디어 CancerAnswer에는 햇빛의 효능에 대해 이렇게 말하고 있다.

"하루 10분만 햇볕을 쬐어주면, 우리 몸속 자연치유력이 높아지고, 면역시스템이 활성화된다. 최근 햇빛 자체가 면역력을 높이는 데 직접적으로 작용한다는 사실이 밝혀졌다. 미국 조지타운대 부속병원 제라드 아헌 교수팀은 햇빛과 면역력 간의 상관 관계를 연구했다. 그 결과, 햇빛 속

청색광선이 면역세포인 T세포를 활성화 시켰다. 연구팀에 따르면, 햇빛 속 청색광선이 피부의 가장 깊숙한 진피까지 도달해서 진피 속 T세포들을 움직이게 만들었다. 진피 속 T세포는 몸 전체를 돌아다니며 면역 기능을 관여한다. 또한 피부 속 T세포는 혈액 속 T세포보다 약 2배나 양이 많아서 면역 기능 강화에 더 크게 작용한다. 연구팀은 '햇빛이 비타민D 생성과는 전혀 다른 경로로 인체의 면역력을 강화시킨다는 사실을 알게 됐다'고 밝혔다."

햇빛을 쬐면 뇌 신경세포에서 세로토닌이 만들어져서 암세포를 죽이는 면역세포인 T세포와 행복한 감정을 만드는 엔돌핀을 활성화한다. 그뿐 아니라 햇빛은 신진대사를 촉진하고 살균 작용과 혈류·혈관 확장, 통증 완화에 도움을 준다.

햇빛은 쬘 때는 자외선 차단제를 바르지 말아야 한다. 창을 통과한 햇빛도 별 효능이 없다. 적어도 일주일에 2-3회 팔, 다리를 내놓고 30분 이상 실외에서 쬐야 한다.

둘째, 좋은 공기를 마시라.

우리 몸으로 들어간 산소는 혈관을 타고 몸속 곳곳에 도달하며 몸속 세포는 산소를 이용해 영양분을 산화시켜 에너지를 얻는다. 산소가 부족하면 혈액 순환에 장애가 일어나 면역체계 손상, 기억력 감퇴, 소화불량, 뇌졸중, 부정맥, 치매, 심장마비 등의 심각한 증상이 나타날 수 있다. 그러나 충분한 산소가 공급되면 뇌기능이 발달될 뿐 아니라 신진대사가 증진된다.

호흡은 크게 입 호흡과 코 호흡으로 나뉜다. 입 호흡을 하면 세균을 비롯한 외부 유해물질이 바로 우리 몸 안으로 들어오게 하지만 코 호흡은 코의 점액으로 외부 유해물질이 우리 몸속으로 쉽게 침투하지 못한다.

코를 이용한 복식호흡은 입 호흡보다 더 많은 산소를 흡입할 수 있게 하므로 우리의 몸과 면역력을 강하게 한다. 복식호흡은 다음과 같이 하면 된다.

첫째, 코를 통해 가능한 한 깊게 공기를 들이마시며 배를 최대한 내민다.

둘째, 숨을 최대한 들이마신 상태에서 1초 정도 숨을 멈춘다.

셋째, 숨을 뱉어내며 배를 완전히 수축시킨다.

1~3번째를 계속해서 반복하며 호흡한다.

셋째, 건강한 물을 마시라.(PH)

2020년 4월 29일자 CancerAnswer에는 물이 몸이 원하는 최고의 영양제라고 말하며 이렇게 주장했다.

한의학에서 첫번째로 꼽는 면역력(정기) 증진 방법은 충분한 물 섭취다. 동의보감에서는 '사람에 따라 몸이 살찌거나 마른 것과, 수명의 길고 짧음은 마시는 물에 그 원인이 있다'고 물의 중요성을 강조한다.

물은 면역작용을 하는 림프구를 만들어 세균같은 이물질을 제거해 신체를 방어하는 림프관과 림프절이 원활하게 흐르도록 돕는다. 전문가들은 물을 충분히 마시는 것만으로도 세포 저항력이 높아지고, 면역력 증가에 도움이 된다고 강조한다.

코로나백신의 내용물을 여러개의 전문적인 현미경으로 밝혔던 로버트 영(Robert Young) 박사는 'pH 기적' 이란 저서에서 알카리성 음료와 식단을 강조했다. 그는 알카리물과 음료가 암과 많은 질병을 이겨낼 수 있다고 주장했다. 그의 주장에 반박하는 사람도 많지만 좋은 물이 우리의 몸을 회복시키는 것은 사실이다.

성인에게는 3L의 물이 필요하다. 먹는 음식을 통해 1~1.5L의 수분이 채워지기 때문에 나머지 1.5~2L는 물을 마셔서 보충해야 한다. 물은 너무 뜨겁거나 차지 않은 체온보다 약간 낮은 따뜻한 온도가 좋다. 물은 한꺼번에 많이 마시기 보다는 틈틈이 자주 마셔야 한다.

넷째, 죽염을 섭취하라.

소금의 유해성에 대해서 말하며 저염식을 권장하는 글이 많이 있다. 물론 몸에 좋지 않은 소금은 피해야 하지만 인간의 몸은 좋은 소금이 많이 필요하다. 아마도 한국에서 가장 안전하게 섭취하면서 많은 효능을 볼 수 있는 것은 죽염일 것이다. 과다섭취는 부작용을 가져올 수 있으므로 매일 꾸준히 섭취하는 것이 좋다. 아침 공복에 생수에 섞어서 마시면 다음과 같은 효능을 볼 수 있다.

첫째, 혈관 내 쌓이는 노폐물과 독소 그리고 이물질들을 정화해서 피를 맑게 해준다. 죽염의 항균작용과 살균작용이 체내의 유해균을 죽이고 세포재생을 촉진한다.

둘째, 위장을 든든하게 만들어서 염증 질환을 개선한다.

셋째, 혈액속의 백혈구와 면역세포의 기능을 강화해서 면역력을 강화시키고 우리몸을 바이러스로부터 보호한다.

넷째, 알카리성 성분의 죽염은 백신으로 산성화된 몸을 중화시켜서 면역력을 강화시킨다.

예수님께서도 "소금은 좋은 것이지만 그 맛을 잃어버리면 무엇으로 다시 짠맛을 내겠느냐?"고 말씀하셨다.(눅14:24) 예수님께서 좋다고 인정하신 소금이 우리의 몸이 회복되는데 중요한 역할을 할 것이다.

15. 디톡스 과일, 음식, 그리고 차

폐가 너무 많은 산화 스트레스에 노출되면(환경 독소 또는 박테리아나 바이러스 감염으로 인해) 폐의 글루타치온 농도가 고갈된다. 백신을 접종한 대부분의 사람들은 바로 이 글루타치온 수치가 내려간다. 폐에 주요 영양을 제공해서 면역력을 증강, 해독작용, 그리고 DNA 합성과 수리를 하는 글루타치온이 사라진다면 우리의 몸은 더 이상 외부의 유입되는 독성을 이길 수 없게 된다. 이를 회복하기 위해서는 글루타치온을 섭취해야 한다.

가장 좋은 방법은 자연스럽게 글루타치온 수치를 높이는 것이다. 비타민C와 비타민E는 글루타치온의 생성을 돕는다. 그래서 비타민C가 많은 **케일, 키위, 자몽, 레몬, 오렌지, 브코콜리**와 비타민E가 많은 **아보카도, 시금치, 아몬드, 해바라기씨, 고구마**등을 섭취하는 것이 중요하다. 그 외에 **배, 사과, 마늘, 양파, 토마토, 완두콩, 방울 양배추, 브라질너트, 호두**도 글루타치온 생성에 도움을 준다. 한국인이 좋아하는 청국장과 일본인이 좋아하는 낫토도 큰 도움이 된다.

이러한 음식은 백신과 그 안에 포함된 유해성분으로부터 해독되는 과정에서 매우 중요한 역할을 한다. 많은 좋은 음식들이 있지만 대체적으로 자연식품과 식물성 식단을 따르는 것이 선호된다. 자연식 식이요법(Macrobiotic)은 세계 최고 중 하나이며, 이 방식을 엄격하게 따르는 사람들은 매우 건강하고 장수하는 경향이 있다. **바나나, 야생 블루베리, 고수(코리안더), 오렌지 주스, 보리풀 주스 분말, 스피룰리나, 대서양 덜스로** 스무디를 만들면 백신 디톡스에 큰 효과가 있다.

해독에 도움이 되는 다른 좋은 음식에는 다음과 같다.

- **생강**: 생강은 DNA의 손상을 억제해서 DNA 변형에 의한 암 유발을 방해한다. 그뿐 아니라 몸도 따뜻하게 해 주어서 면역력을 강화시키고 뛰어난 항균효과를 발휘한다.
- **미나리**: 미나리는 혈전을 용해하고 활성 산소 제거한다. 그뿐 아니라 심장병과 만성 질환을 억제하고 DNA 손상과 암세포 확산을 방지한다.
- **칡즙**: 칡즙의 다량의 폴리페놀 성분이 몸속의 중금속을 체외로 배출한다. 그뿐 아니라 혈액순환을 촉진해서 심혈관질환을 예방해준다.
- **해초류**: 암 예방과 중금속 배출에 탁월하다.
- **율무**: 율무는 암세포의 증식을 억제하는 콘시롤라이드라는 성분을 함유하고 있다. 그리고 혈관에 쌓여있는 지방과 노폐물들을 제거하는 역할을 한다.

그 외에 해독에 도움이 되는 차는 다음과 같다.

- **차가차**: 면역체계와 지원해서 면역체계의 균형을 잡아주고 신경계

와 간, 심혈관등과 같은 곳을 지원해서 정상화시켜준다. 염증을 낮추고 기운과 집중력 그리고 활력을 높여준다. 항암성분도 있어 암의 예방에도 도움을 주고 인체의 나쁜 활성산소도 제거해준다. 유효성분을 파괴하지 않으려면 60도가 넘지 않는 온도에서 끓여 먹는 것이 좋음

- **보리차**: 갖가지 해로운 병원균을 죽이고 염증을 치료하고 혈액을 맑게 하고 혈액순환을 촉진한다. 혈관의 내벽을 닦아내는 비누처럼 몸속에 있는 중성지방질과 독소, 기름때를 말끔하게 씻어낸다. 그뿐 아니라 보리차 안의 퍼옥시나이트라이트는 심혈관질병, 염증, 치매, 신경퇴화성 질병 등을 일으키는 물질을 제거한다. 장을 튼튼하게 하고 뇌기능을 좋게 할 뿐 아니라 최고의 항산화제로 사람을 늙지 않고 병들지 않게 한다.
- **쑥차**: 막혀있는 혈관이나 노폐물들을 깨끗하게 제거해주어서 혈관을 탄탄하게 만들고 혈액이 맑아지게 한다. 그뿐 아니라 따뜻한 성질을 가지고 있어 몸의 온도를 높여서 면역력을 올려준다.
- 이 외에 녹차와 솔잎차도 디톡스를 도울 수 있다.

16. 삶의 패턴

우리 몸은 건강한 상태를 스스로 유지하기 위해 끊임없이 노력하고 있다. 우리는 이것을 '자연치유력'이라고 부른다. 이 자연치유력이 제대로 작동하고 유지되기 위해선 우리는 우리의 몸이 필요한 생활습관과 패턴을 익히고 실천해야 한다. 특별히 수면과 적당한 운동은 자연치유력을 높이는데 매우 중요하다.

잠자는 시간은 자연의 흐름에 맞추는 것이 좋다. 성인 적정수면시간은 7~8시간인데 잠자는 시간은 저녁 10시~아침 6시, 또는 저녁 9시~아침 5시 사이가 좋다. 최소한 밤 11시 이전에는 취침시간에 드는 게 좋다. 왜냐면 숙면을 유도하는 멜라토닌이 밤 11시부터 새벽 2시까지가 가장 활발하게 분비되기 때문이다. 멜라토닌은 면역세포를 만드는 티뮬린(Thymulin) 인체의 저항력을 높여주는 인터류킨(Interleukin) 등의 조절에도 관여하고 있어 매우 중요하다. 숙면을 취했을 때 얻게 되는 이득은 다음과 같다.

1. 고혈압과 심장질환을 예방한다.

잠을 충분히 자면 고혈압, 부정맥 및 심장질환의 위험이 낮아진다.

2. 면역력 강화

잠을 충분히 자면 면역을 담당하는 세포의 생산과 활동을 강화시켜 면역력이 높아진다.

우리는 숙면에 큰 도움을 주는 햇빛과도 친해져야 한다. 햇볕은 숙면뿐만 아니라 면역력을 강화시킨다. 마음 놓고 햇빛을 맞는 시간이 계절마다 다르지만 오전 6~10시나 저녁 4시~7시 사이가 좋다. 겨울에는 따뜻한 햇볕을 낮에 받는 것도 좋다.

운동은 혈액순환과 면역력에 좋다. 그러나 백신을 맞은 사람은 심장에 무리를 주는 지나친 운동을 삼가야 한다. 가능하면 스트레칭과 걷기와 같은 가벼운 운동을 위주로 해야 한다. 기쁜 마음으로 적당한 운동을 하며 기쁜 마음을 유지할 때 백신으로 약해진 면역력이 회복될 수 있다.

특별히 걷기는 약한 자극을 계속해서 몸에 주어서 당뇨, 심장마비, 그리고 치매를 예방할 수 있다. 그 외에 뼈, 폐, 소화기관에 긍정적인 영향을 미친다. 적당한 장소가 있다면 흙에서 온 인간인 우리가 맨발로 흙을 밟으며 걷는 것도 치유에 큰 도움이 될 수 있다.

면역력을 회복하려면 스트레스를 다스려야 한다. 스트레스를 받을수록 건강에 더 큰 위험이 다가온다. 스트레스를 받을 때 산책을 하거나 조용한 곳에서 깊은숨을 쉬는 것도 좋다. 사람들과 함께 만나거나 종교 활동도 면역에 도움이 된다. 사회적 네트워크가 탄탄한 사람은 면역 기능 또한 높다. 사람들과 함께 희노애락을 나눌 때 면역세포 중 매우 중요한 T세포의 능력이 향상된다.

백신을 맞은 사람은 코로나에 감염된 사람과 비슷한 증상이 나타난다. 그 이유는 백신의 mRNA가 코로나바이러스의 스파이크 프로틴을 생성하도록 만들기 때문이다. 그러나 한 가지 다른 것은 백신으로 만들어진 스파이크 프로틴은 바이러스의 몸체가 없기 때문에 훨씬 더 자유롭게 온몸을 휘젒고 다닐 수 있다는 것이다. 이런 부분에 대해서 주디 마이크로비츠는 이렇게 설명한다.

"접종을 통해 얻게 되는 것은 합성 바이러스이고 일반 바이러스보다 작습니다. 30에서 50㎚의 크기를 갖고 있습니다. 그것은 피부를 통과할 수 있고 신체의 모든 세포에 들어갈 수 있습니다. 일반 바이러스처럼 제한되지 않습니다. 그리고 일반 바이러스처럼 사람에게 기침으로 옮길 수 있습니다.

사람들이 검사해서 양성이 나오면 코로나에 걸렸다고 생각할 수 있습니다. 그러나 그렇지 않습니다. 코로나에 걸리지 않았습니다. 백신으로 인한 백신 코로나(V-Covid)에 걸린 것입니다. PCR 테스트를 통해서 스파이크 단백질이 발견돼서 양성이더라도 스파이크 단백질의 근원이 되는 바이러스 몸통을 찾지 못하면 백신으로 만들어진 코로나입니다. 테스트를 해보면 알 수 있습니다."

그녀는 여기에서 멈추지 않고 어떻게 하면 우리의 면역력을 다시 얻을 수 있는지에 대해 이렇게 설명합니다.

"좋은 소식은 자연적인 바이러스에게서 우리를 보호하는 것처럼 이 합성 바이러스로부터 보호할 수 있다는 것입니다. 우선 당장에 큰 부작용이 없었다면 하나님께 기도할 수 있어서 희망이 있습니다. 이것은 사형선고가 아닙니다. 누구나 치료될 수 있습니다.

우리가 모두 해야 할 일은 우리 자신의 건강을 되찾고 우리의 면역 체

계를 건강하고 강하게 만드는 것입니다.

그리고 건강한 면역 체계가 있다면 그 입자를 분해할 수 있습니다. 우리 몸의 면역 체계, 하나님이 우리에게 주신 면역 체계는 이 합성 무기 바이러스를 약화할 수 있고 우리를 치유할 수 있습니다. 마스크를 벗고, 당신의 면역 체계가 파괴되도록 놔두지 마십시오. 자신을 다치게하지 마십시오. 다른 사람을 두려워하거나 화를 내지 마십시오. 그들을 안아주세요. 당신은 합성 바이러스에 대한 자연 면역력을 얻게 됩니다.

하이드록시클로로퀸을 복용하십시오. 예방적으로 이버맥틴(Ivermectin)도 복용하십시오. 저용량 인터페론 스프레이를 복용하십시오. 아세틸시스테인과 글루타치온을 복용하십시오. 프로 면역이라는 제품이 있습니다.

예, 아플 수도 있지만 똑같이 합니다. 침대에 가셔서 숙면하십시오. 5G를 끕니다. GMO를 먹지 마십시오. 백신은 GMO처럼 유전자 변형 유기체입니다. 치킨 수프와 멜라토닌은 좋은 것입니다. 진짜 건강한 음식을 드시면 건강하게 될 것입니다. 당신의 세포가 스파이크 단백질을 얼마나 오랫동안 생산할지 모르지만, 당신이 더 건강할수록 선천적 면역 체계가 더 강해집니다. 피부를 건강하게 유지하도록 외출을 해서 햇볕을 쬐면 비타민 D를 얻게 됩니다. 나쁜 소식은 면역이 약해진 사람들에게 있습니다. 우리가 할 수 있는 일은 더는 마스크를 쓰지 않고, 주사도 맞지 않고, 어떤 종류의 테스트도 받지 않는 것입니다. 그렇게 하면 우리는 모두 살아서 나라를 되찾을 것입니다.”

백신 접종 후에 일어난 부작용 때문에 우리는 낙심하지 않아야한다. 우리가 우리에게 있는 면역체계를 믿고 이 면역체계를 강하게 만든다면 백신으로 인한 부작용을 돌이킬 수 있다. 그렇게 하기 위해서는 우리는 우리 삶의 패턴을 바꿔야 한다. 어떤 사람은 백신접종 이전보다 더 건강해질 수 있다. 모든 것은 마음에서 시작된다. 마음을 강하고 담대하게 만들고 병마와 싸울 때 반드시 승리할 것이다.

제4부 디톡스 보조제

17. 디톡스 프로토콜

백신 디톡스 프로토콜은 정답이 없다. 여러 주장들을 자세히 살펴 보면 의사들마다 다른 것을 볼 수 있다. 그래도 그들의 프로토콜을 자세히 분석해 보면 공통적인 부분이 있고 그들이 왜 그런 보조제를 선택했는지 알 수 있다. 정답은 없어 보이고 다 장단점이 있어 보인다. 너무 복잡하게 만들지 않게 하기위해서 선별된 주요 보조제를 중심으로 한 프로토콜은 다음과 같다.

*1. 비타민 C 1000mg, 매일

*2. 비타민 D3 10000IU 125mcg, 매일(아니면 50,000IU, 1-2일)

*3. 아연 50mg, 매일

*4. 하이드록시클로로퀸 200mgx2번/ 아니면 이버맥틴 몸무게 1kg 당 0.4-0.5mg/ 케르세틴 500mg×2번

위의 4개의 영양제는 코로나바이러스의 스파이크 프로틴과 싸우는

데 최적화 되어있다. 백신도 mRNA로 스파이크 프로틴을 만들어 내는 것을 유도하기 때문에 코로나바이러스에 대응하는 약을 mRNA백신에 사용하는 것은 매우 합리적인 접근 방법이라고 생각된다. 다음의 나오는 내용은 백신 디톡스에 사용되는 수십개가 넘는 약들중에 중요하다고 생각되는 치료제이다.

*5. NAC(아미노산): 세포 복구

*6. 글루타치온(그래핀 옥사이드 및 SPIONS를 씻어냄)

*7. 지오라이트 (Zeolite)

8. 부식산(Humic Acid) 와 풀빅산(Fulvic Acid)

9. C60: 손상된 세포를 제거하고 미토콘드리아를 복구하기 위한 세포자멸사

10. 코인진 q10(매일 200- 400mg)

11. 피로로퀴놀린 퀴논(PQQ: pyrroloquinoline quinone)

12. 아스타잔틴(Astaxanthin)

13. 미라클 미네랄 보충제(Miracle Mineral Supplement(MMS)

14. 5-ALA(5-아미노레블린산)

*15. 물 + 히말라야 소금 + 레몬

(* 은 필수고 나머지는 선택이라고 생각하면 된다)

18. 중요보조제 설명

N-아세틸시스테인(NAC: N-acetylcysteine)

위에 언급한 보조제 중에서 매우 흥미로웠던 것은 NAC이다. NAC는 기존에 안전하고 다음과 같은 효능이 있어서 많은 사람이 애용해 왔다. 첫째, NAC는 신체의 가장 강력한 항산화제인 글루타치온의 세포 내 수준을 높여주어서 항산화 작용을 하며 해독이 촉진된다. 둘째, NAC는 면역체계를 장기적으로 강화하고 감염 위험을 낮춘다. 셋째, NAC는 심장 건강을 개선시킨다.

그런데 이 약이 더 유명해진 계기가 된 것은 코로나바이러스 때문이었다. 2020년 11월 2일에 NAC가 코로나바이러스에 쓰여질 때 매우 효과가 있다는 연구가 인터넷에 알려지자 대중의 관심을 받게 되었다.

Published online 2020 Nov 2. doi: 10.2147/TCRM.S273700 PMID: 33177829

N-Acetylcysteine to Combat COVID-19: An Evidence Review

Zhongcheng Shi[1,2] and Carlos A Puyo[3]

▸ Author information ▸ Article notes ▸ Copyright and License information Disclaimer

This article has been cited by other articles in PMC.

Abstract Go to:

The novel coronavirus disease (COVID-19) is caused by a virus (SARS-Cov-2) and is known for inducing multisystem organ dysfunction associated with significant morbidity and mortality. Current therapeutic strategies for COVID-19 have failed to effectively reduce mortality rate, especially for elderly patients. A newly developed vaccine against SARS-Cov-2 has been reported to induce the production of neutralizing antibodies in young volunteers. However, the vaccine has shown limited benefit in the elderly, suggesting an age-dependent immune response. As a result, exploring new applications of existing medications could potentially provide valuable treatments for COVID-19. N-acetylcysteine (NAC) has been used in clinical practice to treat critically ill septic patients, and more recently for COVID-19 patients. NAC has antioxidant, anti-inflammatory and immune-modulating characteristics that may prove beneficial in the treatment and prevention of SARS-Cov-2. This review offers a thorough analysis of NAC and discusses its potential use for treatment of COVID-19.

(NAC가 코비드-19 예방과 치료에 효과를 보인다는 논문)

위의 논문의 결론은 이렇게 끝난다.

"N-아세틸시스테인(NAC)은 저렴하고 독성이 매우 낮으며 수년간 FDA 승인을 받았으며 COVID-19에 대한 치료 전략을 개선할 가능성이 있습니다. 정맥내, 경구 또는 흡입 투여된 NAC는 SARS-CoV-2 복제를 억제할 수 있으며 적시에 사용하면 결과를 개선할 수 있습니다. NAC의 잠재적인 치료 이점에는 세포 외에서 ROS 라디칼 제거, 세포 내 GSH 보충, 사이토카인 폭풍 억제 및 T 세포 보호가 포함되어 염증과 조직 손상을 완화합니다. NAC를 다른 항바이러스제와 함께 투여하면 입원률, 기계적 호흡기 사용 및 사망률을 크게 줄일 수 있습니다."

이러한 사실이 밝혀졌으면 국가단체인 질병관리본부(CDC)가 나서서 NAC를 코로나 전선에 투입하는 것이 당연했다. 그러나 제약회사, CDC, 그리고 FDA는 백신의 정당성을 위협하는 NAC를 공격하기 시작했다. 원래는 누구나 처방약 없이 자유롭게 구입할 수 있었는데 더 이상 자유롭게 구입하지 못하게 한다는 발표가 있었다. 그 후 아마존에서는 NAC를 퇴출했다. 그리고 다른 곳에서도 퇴출시킬 기미가 보였지만 2021년 12월 까지는 인터넷을 통해서 구입할 수 있다.

NAC는 백신 디톡스에서도 매우 중요한 위치를 차지하고 있다. 이 영양제를 나누어준 몇 분에게서 효과가 있다는 이야기를 들었다. NAC는 백신 부작용중 하나인 사이토카인을 억제하는데 사용될 수 있다. 그뿐 아니라 NAC는 백신 내용물 중에서 가장 많은 부분을 차지하는 산화 그래핀를 없앨 수 있다.

백신에 대해서 자료들을 들여다 볼 때 어떤 백신은 내용물의 99% 가량이 그리핀 옥사이드라는 말을 들었을 때 나는 백신을 맞은 사람들이 회복되기 어렵겠다는 생각이 들었다. 그런데 생물통계학자이자

Ricardo Delgado의 인터뷰한 내용을 번역하면서 산화 그래핀에 대한 해결책이 결국에는 인간의 면역력인 것과 NAC가 매우 중요한 영양제임을 깨달았다. 그는 다음과 같은 말을 인터뷰에 남겼다.

"신체에는 특정 면역학적 메커니즘을 통해 산화 그래핀을 자연적으로 제거하는 특정 능력이 있는 것 같습니다. 우리는 또한 2020년 2월부터 9월까지 글루타치온의 전구체인 N-아세틸시스테인을 사용한 COVID-19 치료법에 관한 과학적 연구를 보았습니다. 한편으로 우리는 정확히 N-아세틸시스테인 또는 글루타치온 자체가 산화 그래핀을 분해한다는 것을 알고 있습니다. 그래서 우리는 아마도 질병의 원인이나 병인을 직접 공격할 것으로 생각합니다."

그의 주장을 잘 살펴보면 인간의 면역력이 백신 해독을 한다는 것을 알 수 있다.

NAC의 또 다른 효능은 백신으로 인해서 암에 걸리기 쉬운 사람들에게 기쁜 소식이다. 2017년 11월 22일자 연합뉴스에서는 영국 샐포드 연구팀 발표를 인용하며 감기 증상을 완화하는 데 쓰이는 아세틸시스테인(NAC: N-Acetylcysteine)이 암세포 증식을 억제하는 효과가 있다는 연구결과가 나온 것을 기사로 실었다.

영국 샐포드(Salford) 대학의 페데리카 소트기아 박사는 NAC가 암세포에 필요한 영양소를 차단해서 암세포의 증식을 억제할 수 있다고 주장했다. 그는 유방암 환자 12명을 대상으로 임상시험을 했고 0~1기 유방암 진단을 받은 이들에게 수술에 앞서 3주 동안 1주일에 한 번씩 NAC 150mg/kg을 정맥주사로 투여했고 주사를 맞지 않는 날엔 NAC 600mg을 매일 두 차례 먹게했다. 그 결과 암의 공격성이 크게 감소됐다.

2021년 11월 초에 미국 L.A.에서 한국에 도착했다. 나는 약을 너무 많이 가져왔기 때문에 세금을 내야할 것 같아서 정직하게 세관원에게 약에 대한 이야기를 했다. 그런데 세관에서는 한국 식약청의 허가가 없는 제품이라며 대부분의 NAC를 압수했다. 백신 부작용을 많이 완화시킬 수 있는 약이 이런저런 이유로 대중이 구할 수 없게 만든 것이 매우 이상했다.

글루타치온

네이버 건강백과에서는 글루타치온이 간에서 약물, 알코올, 중금속 해독작용과 함께 산화 환원 조효소로 작용하여 단백질 합성을 촉진한다고 알려준다. 뉴욕타임스의 베스트셀러인 마크 하이먼(Mark Hyman) 박사는 "글루타치온은 건강을 유지하고 노화, 암, 심장병, 치매 등을 예방하고 자폐증에서 알츠하이머병에 이르기까지 모든 것을 치료하는 데 필요한 가장 중요한 분자입니다"라고 말했다. 우리 몸에 글루타치온의 수치를 위해서는 첫째, 글루타치온을 고갈시키는 항생제, 환경 독소, GMO, 가공식품과 스트레스를 멀리해야 한다. 둘째, 글루타치온을 증가시키는 유황, 엽산이 풍부한 음식, 마그네슘, 해초류를 섭취한다. 셋째, 글루타치온 보조제를 섭취해야한다. 글루타치온의 활성에는 셀레늄, 아연, 망간, 구리, 마그네슘 등의 미네랄이 필요하기 때문에 제품에 미네랄이 함께 들어가 있는 것을 구입하는 것이 좋다.

제올라이트

Brand: Pure Zeolite Drops
232
Pure Zeolite Drops Fulvic and Humic Acid Immune Gut Support
Amazon's Choice
for "zeolite"
PURE
ZEOLITE
DROPS

제올라이트는 납, 수은, 비소, 알루미늄, 카드뮴 등 중금속(방사성 물질 포함)을 끌어당기고 흡수하고 중화시키는 독특한 능력을 갖춘 천연 화산 광물이다.

제올라이트는 몸 전체에 독소를 끌어당기는 음의 전자기 전하를 가지고 있어서 결코 유익한 미네랄을 제거하지 않는다. 활성탄보다 효과가 뛰어나며 내외부 복용이 가능하다.

만약 당신이 이전에 해독하지 않았다면 제올라이트가 중금속과 다른 나노입자를 제거하는 작용을 해서 머리가 띵할 수 있다. 일반적인 프로토콜은 짧은 초기 기간 더 많이 해독한 후 적은 양의 투여량을 유지하는 것이다.

한국에서도 위의 사진에 있는 제올라이트를 쿠팡을 통해 구입할 수 있다.

› Environ Sci Technol. 2014 Jun 17;48(12):6919-27. doi: 10.1021/es5012548. Epub 2014 Jun 5.

Humic acid acts as a natural antidote of graphene by regulating nanomaterial translocation and metabolic fluxes in vivo

Xiangang Hu [1], Li Mu, Jia Kang, Kaicheng Lu, Ruiren Zhou, Qixing Zhou

Affiliations + expand
PMID: 24857237 DOI: 10.1021/es5012548

Full text links   Cite

Abstract

그래핀 옥사이드가 물이나 다른 매개체를 통해 인간의 몸에 들어올 수 있기 때문에 그래핀 옥사이드를 중화시키는 물질에 대한 연구가 여러차례있었다. 그런데 2014년도에는 과학자들이 그래핀 옥사이드 디톡스에 부식산(Humic)이 탁월하다는 연구 결과를 내놓았다. 백신 디톡스에 제올라이트(Zeolite)가 사용되었을 때 효과가 있었다고 여러 의사들이 밝혔는데 내가 자주 사용하는 이 제올라이트(Zeolite)에 부식산(Humic Acid)과 풀빅산(Fulvic Acid)이 들어가 있다. 중금속이 아니라 그래핀옥사이드 디톡스만을 생각할 때 어쩌면 부식산과 풀빅산이 더 효과적이라고 볼 수 있다.

슈퍼차지 C60(나노탄소 활성탄)

백신 주사를 맞은 사람들에게서 볼 수 있는 문제 중 하나는 에너지장(자기)의 교란과 염증이다. C60은 풍부한 전자 공급원이며 염증에 대한 소화기 역할을 하며 동시에 신체 전체의 전자 흐름을 정상화한다. C60은 스파이크 단백질을 중화하고 산화 그래핀 및 SM-102를 해독하는 데 도움이 될 수 있다.

코큐텐(CoQ10)

코큐텐은 심장 기능을 개선해서 심부전 치료에 도움을 주는 약이다. 백신은 난자와 정자를 공격하는데 코큐텐은 노화가 난자에 미치는 영향을 감소시키고 정자의 질, 활성 및 농도를 향상시킨다. 또한 세포의 산화 스트레스를 줄이고 미토콘드리아 기능을 개선해서 운동 수행에 도움을 주며 미토콘드리아 기능을 개선하고 염증을 줄여서 편두통을 완화시킨다.

피로로퀴놀린 퀴논(PQQ: pyrroloquinoline quinone)

PQQ는 새로운 미토콘드리아 세포의 형성을 돕는 것으로 여겨지는 토양과 양,시금치, 키위, 대두와 같은 특정 식품에서 자연적으로 발견되는 천연화합물이다. 이것은 비타민 C보다 100배의 강력한 항산화작용으로 활성산소로부터 몸을 보호한다. 뇌 기능을 향상시키고 신경세포가 손상되지 않게 보호하는 등 다양한 세포 과정에 관여한다. 코큐텐과 함께 복용하면 강력한 상승효과를 경험할 수 있다.

아스타잔틴(Astaxanthin)

아스타잔틴은 염증과 심장 및 간 손상, 그리고 뇌졸중 위험을 줄인다. 또한 아스타잔틴은 인체 내에서는 염증을 낮추는 효능이 있다. 면역체계를 지원하는 보충제로서, 아스타잔틴은 DNA 손상을 보호하고 뇌의 기능을 향상시킬 뿐 아니라, 미토콘드리아에도 극적인 영향을 주는 것으로 나타납니다. 참고로 미토콘드리아는 세포 호흡 수행을 주된 임무로 하는 세포의 발전소라고 할 수 있습니다.

아스타잔틴을 생산하는 미세조류(녹조류)와 연어 및 조개, 크릴새우 등 그러한 조류를 먹는 바다 생물들입니다. 염증을 감소시키고 혈전 생성억제. 산화그래핀을 없앤다. 아스타잔틴을 자연에서 찾을 수 있는 가장 강력한 항산화제라고 생각합니다.

아스타잔틴은 인공 또는 화학적 지원 없이 자연적으로 존재하는 자연 발생적인 화합물입니다.

미라클 미네랄 보충제(Miracle Mineral Supplement(MMS)

MMS는 1996년 짐 험블(Jim Humble)이라는 사람에 의해 발견된 정수 항균 화합물이다. 그는 MMS가 말라리아 퇴치에 매우 효과적이라는 것을 알게 되었고, 이 물질을 희석된 식용산(food grade acid)에 섞어 조제식을 개발했다. 이산화 염소 용액(CDS 또는 ClO2)으로도 알려진 이 물질은 병원균을 산화시키는 작용을 하며 박테리아, 바이러스, 원생동물(protozoans)에 대해 광범위한 스펙트럼 작용을 수행한다. 오랜 세월 동안 조리법이 정교해졌고 현재 시판되고 있는 제품들도 많아 가장 안전하고 효과적인 공식을 연구해 볼 가치가 있다. MMS 해독제로서 디메틸 아황산 화물(DMSO)과도 함께 잘 작동한다.

백신(특히 COVID 백신)은 바이러스와 기타 병원균의 칵테일을 포함하는데 MMS는 이런 외부 물질들을 죽이는 데 놀라운 역할을 할 수 있다. 예를 들어, COVID 백신의 분석 결과, 그 안에서 톡소플라즈마 곤디이(toxoplasma gondii)처럼 보이는 것이 발견되었다. 좋은 소식은 MMS가 이런 종류의 기생 생물에게 완벽한 해독제라는 것이다. MMS는 또한 SARS-CoV-2에 매우 잘 작용하며, 환자 치료와 치료의 효능에 관해 의사들로부터 많은 증언이 있다. 우연의 일치로, FDA는 미국 보안관들에게 사스-CoV-2와 COVID 백신의 병원균을 효과적으로 죽이는 물질인 MMS를 많이 제조하고 판매하는 플로리다의 한 교회를 불법적으로 습격하라고 명령했다.

5-ALA(5-아미노레불린산)

5-아미노레불린산(5-ALA)는 대중에게 잘 알려져 있지는 않지만 코로나치료와 백신디톡스에 매우 중요한 제품이다. 5-ALA는 시금치와 같은 녹황색 야채와 흑초, 된장 등 발효식품에 포함된 아미노산이다. 이 물질은 햄(Heme)을 만드는데 중요한 역할을 하는데 햄(Heme)은 몸 전체에 산소를 분배하는데 중요한 역할을 하는 헤모글로빈(혈액 내 붉은 색소)을 만드는 활동을 한다. 햄(Heme)은 또한 음식과 산소로 부터 에너지를 생산하는데 매우 중요한 물질이다.

2021년 2월 9일 나가사키 대학에서는 5-ALA를 코로나 바이러스에 감염된 사람의 세포에 투여했을 때 바이러스의 증식이 억제되는 것을 확인했다고 발표했다. 그뿐 아니라 5-ALA의 항 염증 작용이 사이코카이 스톰을 억제하고 코로나 후유증을 개선할 것으로 예측했다. 일본의 나카무라 클리닉에서는 백신 부작용을 겪는 환자들이 1일 3회,

매회 3개의 알약을 2-3일 간 복용한 후 두통과 폐 통증이 상당히 개선되는 효과를 본 사람이 여러 명 있다.

5-ALA는 시즈오카 현의 “네오 파마 재팬·후쿠로이 공장”에서 대량 생산되고 있는데 가격이 좀 비싼 편이다. 네이버에 검색하면 구매할 수 있다.

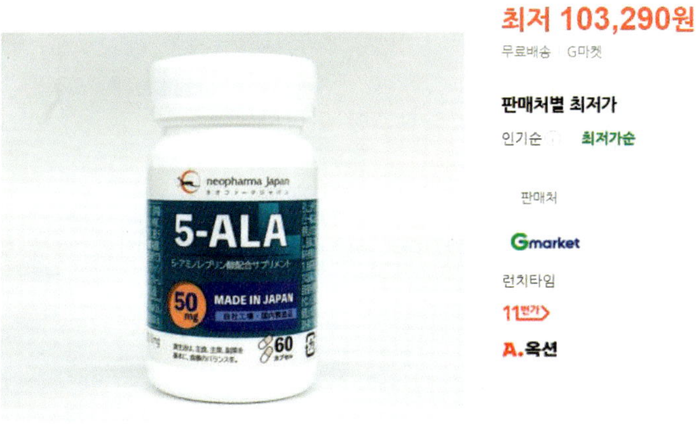

수화(Hydration: 우리 몸에 수분을 보충하는 행위)

디톡스 프로토콜을 이야기하는 대부분의 의사들은 수화(Hydration)의 중요성에 대해서 언급하지 않았다. 한 두분이 언급한 것이 인터넷에 있었는데 그 내용을 정리하면 다음과 같다.

1. 세계 인구의 97%가 탈수 상태이고 76%가 만성 탈수 상태이다. 몸이 탈수되면 섭취한 것에서 영양 입자를 적절하게 흡수할 수 없어서 손실된다. 그러므로 수화(Hydration)은 해독 프로토콜의 핵심이다.

2. 일반 바다 소금에는 16-24개의 미네랄이 포함되어 있지만 히말라야 소금에는 87개의 미네랄이 포함되어 있는데 이는 혈액과 정확히 같은 염분이다.

3. 수화 공식:

물 1리터에 히말라야 소금 한 꼬집(Pinch: 엄지와 검지의 두 손가락 끝으로 한 번 집을 만한 분량)을 넣는다. 마실 때마다 신선한 라임이나 레몬 주스(라임은 떫은 맛이 덜하고 맛이 좋음)를 히말라야 소금이 든 물 한 잔에 짜서 넣고 마시라.

다음과 같은 프로토콜도 참조할 만하다.

클리프 하이 프로토콜

NAC(아미노산): 세포 복구

C60: 손상된 세포를 제거하고 미토콘드리아를 복구하기 위한 세포자멸사

이버멕틴(Ivermectin): 일반 성인의 경우 12mg 용량, 체중에 따라 조절)

글루타치온(산화 그래핀 및 SPIONS를 씻어냄)

비타민 D(필수): 매일 최소 10,000IU(겨울철에는 15,000IU) 평생 섭취 필요. (면역체계 지원)

비타민 C: 세포 내 '시멘트' 수리 및 기타 용도

리포솜: 매일 최소 3g

차가 차(Chaga Tea) (매일 두 컵 - 1/4 티스푼 차가 가루와 8온스 뜨거운 물)

아연 (15 Zn ~ 1 cu) 코로나로부터 보호하고 스파이크 단백질 및 SPIONS를 분해함.

잔드레 발따 프로토콜

메가 산소(Mega oxygen)
하이드로샷 (Hydroshot)
제올라이트(Zeolite)
N.A.C
심장 건강 (Heart health)
글루타치온(Glutathion)

제5부 치료법

19. 디톡스 목욕

20. 주사치유법

21. 오존요법

22. 기타 치료법

19. 디톡스 목욕

오래전부터 백신의 위험을 알려왔던 캐리 마데(Carrie Madej) 박사는 코로나 백신 디톡스를 위해 목욕을 추천했다.

"디톡스, 디톡스 디톡스. 저는 디톡스 목욕을 좋아합니다. 디톡스는 방사선 중독을 치료하고 살충제를 처리합니다. 이것은 중금속을 포함해서 모든 종류의 것들을 처리합니다. 기생충도 처리합니다. 그래서 욕조가 있다면 가장 쉬운 방법이 있습니다. 오래된 베이킹 소다입니다. 그래서 베이킹 소다 한두 컵, 엡솜 소금 한두 컵을 거기에 넣습니다. 이미 훌륭한 방사선 해독인데 곰팡이와 효모를 제거합니다. 반컵에서 1컵의 벤토나이트 점토를 약간 추가합니다. 아즈텍 시크렛(Aztec secret)은 훌륭한 브랜드입니다. 이제 당신에게서 엄청난 독이 나옵니다. 세탁 세제인 붕사(Borax) 한 컵을 추가합니다. 당신에게서 나노 기술을 제거합니다. 뜨거움을 견디며 20여분 문지릅니다."

그녀의 주장에 따른 디톡스 목욕의 프로토콜은 다음과 같다.

베이킹 소다(2컵)
엡솜 소금(2컵)
벤토나이트 점토(1컵)
붕사(Borox) 세탁 세제 (1컵)

미국에 계신 분들은 위에 언급된 것들을 쉽게 구할 수 있기에 그녀의 프로토콜을 따르면 좋을 것 같다. 그러나 한국은 어떤 것은 구입하기 어려워 그녀의 프로토콜을 따르기가 어려울 것 같다. 대신 한국에서 주로 사용되는 프로토콜을 따라도 좋을 것 같다. 최근에 여러 사람이 한국에서 사용하는 디톡스 프로토콜은 다음과 같다.

반식욕

준비물: 욕탕, 천일염 소금 4.5kg, 양조식초나 백식초 반병, 물, 주스

방법: 욕조에 절반 정도 섭씨 42-45도의 뜨거운 물을 붓고 천일염 소금 4.5kg과 식초 반병 정도를 붓고 30-40분 정도 몸을 담근다. 디톡스 목욕 중 물과 주스를 자주 마신다.

족욕

준비물: 족욕기나 세수대야, 천일염 소금 1.5kg, 양조식초나 백식초 5분의 1병, 물, 주스

방법: 족욕조에 섭씨 42-45도의 뜨거운 물을 붓고 천일염 소금 1-1.5kg과 식초 5분의 1병을 넣고 발을 담근 후 30분-40분 정도 담근다. 디톡스 목욕 중 물과 주스를 자주 마신다.

2021년 11월에 한국에 돌아왔을 때 지인 중 여러분이 백신을 맞으셨다. 한 분은 맞고 싶지 않으셨지만, 학교에서의 일 때문에 맞으셨다고 하셨다. 맞은 후 심장이 이상하게 뛰고 몇 가지 부작용이 있으셨는데 아스피린을 드시고 반식욕을 한 후에 많이 나아지셨다고 하셨다. 그때 말로만 듣던 디톡스 목욕이 매우 효과가 있다는 것을 알았다.

급한 부작용은 지나갔지만 아직도 후유증이 있다고 하셔서 이분에게 "백신, 미친짓이다"라는 책과 디톡스약을 선물하자 너무나 기뻐하셨다.

캐리 마데는 디톡스 목욕으로 엄청난 독과 나노 기술이 제거된다고 했다. 그녀의 말처럼 디톡스 목욕 이후에 배출된 이물질들은 그녀의 말이 사실인 것을 알려준다.

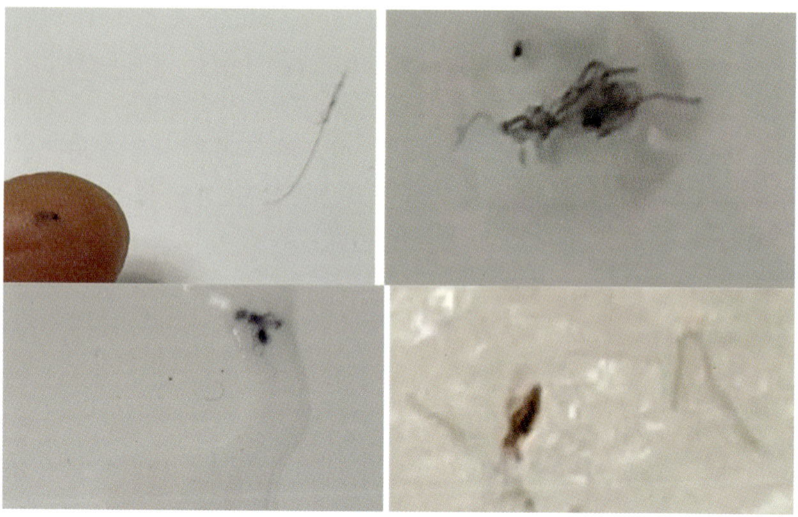

디톡스 족욕 이후 나타난 이물질

20. 주사치유법

1. 비타민C 주사

백신 접종 이후에 백혈병을 비롯한 각종 암이 가파르게 발생하고 있다. 고용량 비타민C 주사요법은 백신으로 인해 발생하는 암세포를 억제하거나 제거하는 역할을 한다. 경구섭취용 비타민C는 음항암제이고 주사용 비타민C는 양항암제로 불리운다. 음항암제는 정상세포가 암세포로 변하는 것과 암전이를 돕는 효소들을 차단하는 예방적 측면이 강하다. 그러나 양항암제인 주사용 비타민C는 직접적으로 암세포를 죽이기에 효과가 빠르고 크다.

비타민C 주사는 백신으로 인해 발생하는 염증과 혈관손상을 억제할 수 있다. 2019-10-04일자 서울경제 뉴스에서는 미국 버지니아커먼웰스대(VCU) 의대팀 임상결과 발표를 언급하며 비타민C 정맥주사가 패혈증 사망률을 나춘다는 기사를 내보냈다. 패혈증은 세균이 폐와 콩팥을 비롯한 여러 기관을 통해 혈액 안으로 침범해 염증 반응을 일으켜 발열, 빠른 맥박, 호흡수 증가 등을 초래한다.

이런 효능의 원인에 대해서 미국 버지니아커먼웰스대(VCU)의 알파 파울러 교수는 다음과 같은 결론을 내렸다.

"혈중 비타민C 농도가 3,000배까지 높아져 강력한 항염증 및 혈관손상 억제 기능을 하기 때문으로 보인다"

비타민C 주사의 항암, 항염증, 혈관손상억제 기능은 백신으로 인한 손상을 크게 만회할 수 있을 것으로 보인다.

2. 백옥 주사/ 글루타치온 주사

백옥주사는 강력한 항산화제 성분인 글루타치온을 혈액에 주입하는 치료법이라서 글루타치온 주사라고도 불리운다. 사과가 공기중에 노출되면 색이 변하는 것과 같이 공기중에 노출된 피부도 지치고 늙게 되면 색이 변하는데 글루타치온이 피부속에 스며들면 미백효과를 얻을 수 있다고 해서 일명 백옥주사라고 불린다. 외모와 마케팅이 중요한 한국에서는 미백효과만을 중요시하지만 백옥주사에는 다른 많은 효능이 있다.

백옥주사는 백신으로 만들어진 체네 활성산소를 제거하고 면역력을 증진시켜 피로회복, 간 해독, 그리고 중금속제거등의 효과를 볼 수 있다. 정맥주사로 글루타치온을 주입하는 것이 글루타치온 영양제를 먹는 것보다는 더 잘 몸에 흡수되기에 훨씬 더 효과적이라고 할 수 있다.

3. 마늘주사

마늘주사는 마늘 성분이 들어가서 붙여진 이름은 아니라. 마늘 주사의 주성분은 '비타민B1(티아민)'의 활성형 유도체인 '푸르설티아민'과 마늘에 함유되어 있는 식물화학성분의 일종인 '알리신'으로 이루어져있다. 그러나 '마늘주사'를 맞고 나면 약간의 매운향이 느껴져서 '마늘주사'란 이름이 붙여졌다. 관주식품이란 네이버 블로그에서 언급한 다음에 나오는 마늘주사의 효능은 백신의 부작용을 돌이키는데 중요하다.

첫째, 마늘주사는 면역력을 강화시킨다.

백신의 무서운 점은 인간의 면역력을 파괴해서 각종 질병에 시달리게 만드는 것이다. 그러나 마늘주사는 면역력을 높여서 감기나 알레르기와 같은 질환들을 치료한다. 또한 항바이러스 특성을 가지고 있기 때문에 우리의 몸을 외부로부터 들어오는 바이러스와 세균으로부터 보호한다. 또한 마늘주사의 식물성 영양소는 독소제거, 산화스트레스의 감소, 손상된 세포기능 재생시킨다. 이를 통해 면역체계의 기능을 향상시켜 면역력을 강화시킨다.

둘째, 마늘주사는 심혈관질환을 예방한다.

백신은 각종 심혈관질환을 일으킨다. 그러나 마늘주사는 심혈관질환을 예방한다. 마늘주사 연구에 따르면 마늘주사가 혈액을 묽게 해주어 응고를 방지해주고 혈관을 탄력있게 유지하게 만든다.

셋째, 암 발생 위험을 줄인다.

백신 접종 후 전 세계적으로 암의 발생률이 급격히 치솟았다. 그런데 마늘주사는 산화스트레스를 억제해서 암세포가 생성되는 것과 전이되는 것을 막는다. 그리고 불필요한 세포를 제거하는데 도움을 주어서 종양의 성장속도를 늦추고 유방암과 위암의 발생도 억제한다.

21. 오존 요법

남아프리카에서 치료사역을 하는 잔드레 바따 박사는 현미경으로 백신의 내용물에 살피다가 그 안에 운송 물질인 디스크를 발견한 것으로 유명하다. 그녀가 스튜피티스 쇼에 출연해서 백신 내용물에 대해서 증언할 때 많은 사람들이 놀랐다. 그녀는 마지막에 스튜 피터가 "당신 프로토콜이 효과가 있었냐"는 질문에 다음과 같은 이야기를 했다.

"네. 환자들이 효과를 보았어요. 두통과 혈전증상이 개선되었어요. 각 사람의 증상에 따라 혈전치료를 위해 뭔가 더 처방하기도 해요. 인지장애 쪽으로 더 심각하면 그 쪽으로 더 처방하기도하지만, 혈액 응집은 기본적으로 나타나는 증상이라서요. 제 철학은 '생명이 장과 혈액에 있다' 거든요. 스튜, 전 당신도 하나님을 사랑하고, 하나님을 따르는 사람이란걸 알아요. 제가 환자들에게 처음하는 이야기는 다른 것 아니예요. 우리가 회개

하고 하나님께 '제가 속았네요. 저를 도와주세요'라고만 하면 그분은 신실하시고 우리를 도와주신다는 거예요. 그다음에 치료를 시작합니다.

어떤 지역에서 구하기 힘들 수도 있지만, 이 처방대로 복용하면 효과는 있어요. 그리고 대체로 어디든 구할 수 있는 물품이라 굳이 저희에게 주문안하고 거주하시는 지역에서 바로 찾으시면 됩니다."

나는 그녀의 프로토콜을 알기 위해서 그녀의 홈페이지에 들어가서 이곳 저곳을 찾아보았다. 그녀의 프로토콜은 다음과 같았다.

약물
메가 산소(Mega oxygen)
하이드로샷 (Hydroshot)
제올라이트(Zeolite)
N.A.C
심장 건강(Heart health)
글루타치온(Glutathion)

치료법
오존, 분자 수소 및 라이프 복합 치료(Ozone, Molecular Hydrogen and Rife Combined Treatment)
Rife**와 결합된** CoMra **레이저** (CoMra laser combined with Rife)

그녀의 프로토콜과 치유법이 다른 의사들과 다른 것은 신체안에 오존을 공급해서 자가치유를 극대화하는 것이었다. 나는 왜 그녀가 이러한 치료법에 관심을 두게 되었는지 그녀의 간증을 통해서 알게 되었다.

제가 22살이었을 때 국제 항공사의 객실 승무원으로 일했습니다. 남아프리카 공화국에서 휴가를 보내는 동안 거의 치명적인 자동차 사고가 제 인생을 완전히 바꿔 놓았습니다. 저는 죽음에 가까운 경험을 했고 그곳에서 하나님을 만났습니다. 저는 여러 부상으로 일주일 후 중환자실(ICU)에서 깨어났습니다. 제 발의 갈라진 상처, 부러진 발목, 다발성 경골, 비골 골절. 대퇴골이 엉덩이와 골반을 뚫었습니다. 모든 골절과는 별도로 횡격막이 파열되었고 소장이 폐강으로 밀려 들어왔습니다. 간이 찢어져 제 왼쪽 폐 위에 누워 있었다. 갈비뼈가 부러지고 심장도 움직였습니다. 심한 비장 손상과 무릎의 인대가 찢어졌습니다. 폐가 무너져 생명 유지를 받고 있었습니다. 머리부터 발끝까지 멍이 잔뜩 들어 피부색이 다른 것 같았습니다. 그들이 저에게 모르핀을 투여했어도 통증이 너무 심해서 잠을 잘 수 없었습니다. 간은 계속 부어오르고 폐와 간이 서로 밀어내는 통증으로 숨쉬기가 거의 불가능했습니다. 제 간이 구강 진통제에 매우 심하게 반응했습니다.

변기 사용이 너무 창피해서 금식을 해서 장에 많은 피해를 입혔습니다. 제 팔을 움직일 수 없었고 그들은 저를 위해 모든 것을 해야 했습니다. 그들이 도움을 주려고 한다는 것을 알았지만 저는 수치감을 느꼈습니다. 그래서 목욕이나 샤워를 제대로 할 수 없었습니다.

고통은 말 그대로 저를 미치게 만들었습니다. 그것은 제가 필요로 하는 잠을 자지 못하게 했습니다. 저는 앞으로 6주를 버틸 수 있는 유일한 방법은 제 몸에서 아직 제가 통제할 수 있는 유일한 부분 제 마음을 다스리는 것임을 깨달았습니다. 저는 제 마음이 너무나 압도적으로 강했기 때문에 고통에 고정되어 있음을 알아차렸습니다. 고통을 덜어달라고 하나님께 기도했습니다.

"내가 환난 중에 여호와께 부르짖고 내 하나님께 부르짖었더니 그가 그의 성전에서 내 소리를 들으시고 도움을 청하는 나의 부르짖음이 그의 귀에 들리기 전에 들으셨도다"(시편 18:6)

주님께서 거의 즉시 역사하셨습니다. 3시간을 자고 일어났을 때 아직도 아팠지만 제가 무엇을 해야 할지 명확히 알았습니다. 저는 5분동안 제 자신에게 힘을 내서 앞으로 희망을 가지라고 말하기 시작했습니다. 좋아하는 팀이나 선수를 응원하는 관중처럼 제 스스로를 격려했습니다. 저는 정신이 없어서 긍정적인 책으로 마음을 다스리지 못했습니다. 저는 의사의 지시에 따라 등을 대고 누웠습니다. 그는 제가 내 엉덩이에 더 이상 무게를 두는 것을 원하지 않았습니다. 이로 인해 TV를 보는 것조차 불가능했습니다. 긍정적인 생각과 정신을 유지하거나 극심한 고통에 굴복해야 하는 선택을 해야 했습니다.

저와 제 자신 밖에는 없었습니다. 하나님은 제가 그분의 음성에 집중해야 한다고 가르쳐 주셨습니다. 제 자신이 생각하는 것이 매우 희미했지만, 제가 그분께 집중할수록 더 많은 희망이 생겼고 다음 5분동안 생존하기 위해 시작했습니다. 처음에는 1분이 10분처럼 느껴졌습니다. 그런 다음 저는 제가 생각하고 있는 것과 제 자신에게 말하고 있는 것의 질에 집중하기 시작했습니다. 저는 고통이 저를 미치게 한다고 스스로에게 말하기 시작할 때마다 고통이 더 심해질 것이라는 것을 깨달았습니다. 제가 한 모든 일, 내가 본 나라, 충만한 삶을 살았다는 것이 얼마나 축복받은 일인지 생각하기 시작할 때 기분이 좋아졌습니다. 통증이 사라진 것이 아니라, 이겨낼 수 있을 것만 같았습니다. 고마운 것이 무엇인지 일부러 생각하기 시작했는데, 이것이 고통을 개선한 느낌을 주었습니다. 감사하는 일에 주의를 집중하는 한 고통은 나아졌습니다. 저는 하나님을 알게 하심에 감사했습니다. 좋은 진료와 의사들이 있는 좋은 개인 병원에 입원할 수 있도록 의료지원을 받고 있다는 사실에 그분께 감사드렸습니다. 그래서 제가 돌아와서 더 큰 뜻을 위해 살 수 있게 될 것임에 대해서 감사했습니다.

저는 6주 후 병원에서 퇴원했습니다. 골절이 하나도 낫지 않았기 때문에 걸을 수 없었습니다. 제 몸은 긴급 상황을 우선 순위로 결정하여 골절이 아닌 부상당한 장기에 집중했습니다. 폐 기능이 좋지 않아 문장을 다 말하지 못했습니다. 저는 약하고 고통스러웠지만 희망과 용기를 잃지 않았습니다. 저는 제 목적인 치유 센터(Wellness Center)를 열기로 결심했습니다. 경험도 없었고, 계시밖에 없었습니다. 의사들이 제 목숨을 구했음에도 불구하고 제가 살아날 거라고는 예상하지 못했고 원인을 찾는 데 시간을 들이지 않고 증상을 치료하는 데 집중했습니다. 저는 원인을 찾아 치료하는 센터를 열고 싶었습니다. 저는 비전을 가지고 있었고 그 비전은 진단에 초점을 맞추지 못하게 했습니다. 저는 아이를 낳을 수 없을 것이고 다시는 걸을 수도 없을 것이었습니다. 걸을 수 있게 된다해도 저는 불구가 될 것이었지만 희망과 믿음이 있었습니다.

또 하나님은 자기를 사랑하는 자 곧 그 뜻대로 부르심을 입은 자들에게는 모든 것이 합력하여 선을 이루느니라 (로마서: 8:28)

사고 후 10개월 동안 저는 여전히 휠체어를 타고 있었지만 희망적이고 충실하며 긍정적이었습니다. 저는 8개월 동안 재활원에 있었습니다. 장내 염증이 심하고 부어올랐고 설사제를 많이 먹었을 때 3~4주에 한 번씩 배변을 했습니다.

최신 엑스레이는 제가 관절염을 앓고 있음을 보여 주었고 정형외과 의사에 따르면 해결책은 고관절 교체를 하는 것이었습니다. 저는 23살이었습니다. 수술을 고려하지 말고 관절염이 다음 약점인 다리를 공격하지 않도록 원인을 찾아달라고 강력히 항의했습니다. 그는 대답이 없었습니다. 저는 거의 패배감을 느꼈습니다.

저는 해결책을 위해 기도했고 다음 날 아침 나는 오존 요법에 대해 이

야기해 준 한 남자를 우연히 만났습니다. 저는 잃을 것이 없었습니다. 오존 증기 캐비닛에서 7번의 세션 후에 저는 다시 엑스레이를 찍으러 갔습니다. 관절염이 사라졌고 일주일 전만해도 골절이 아주 약했던 것이 확연했는데 완전히 치유되었기에 의사와 저는 충격과 놀라움을 경험했습니다! 저는 제 삶의 모든 영역에서 치유되었습니다. 이것이 제가 여행을 시작하게 했습니다.

잔드레 바따 박사가 추천하는 오존 치료는 수십 년 동안의 임상실험을 통해 많은 질병을 치유하는 것으로 알려졌다. 오존 요법은 적혈구 기능향상, 혈액의 항산화체계 활성화, 그리고 면역력 증가로 만성피로, 암, 혈관질환 등을 고친다. 매우 효과적인 치유법이라서 유럽에서는 활발하게 사용되지만, 한국에서는 아는 사람이 적다. 매우 드물게 소개되었다.

외국에서는 오존을 이용해서 코로나19를 효과적으로 치료한 사례도 많았다. 예를 들어 이탈리아 산타 마리아 델라 미세리코디아 대학병원에서 호흡 부전이 있는 코로나 환자 36명을 오존 요법으로 치료했을 때 97%는 삽관이 필요하지 않았다.

중환자실에 입원해야 했던 49세 남성에게 오존 요법을 실행했을 때 있었던 효과에 대해서 Alberto Hernndez 박사는 다음과 같이 설명합니다.

"첫 번째 오존 치료 세션 후 개선이 눈에 띄었습니다. 그의 산소 수치는 증가했으며 호흡수는 정상화되었습니다."

잔드레 바따 박사는 백신 부작용을 겪는 사람들이 오존요법으로 많이 호전되었다고 말한다. 그래서 그녀는 질병의 근원을 치료하는 이

오존요법을 백신 부작용을 겪는 많은 사람들에게 적극 추천하고 있다.

그러나 이 치료법은 FDA에 의해서 막힌 것으로 보인다. 내가 이 치료법을 시행하는 곳을 찾아보려고 이곳저곳을 찾아보았을 때 찾기가 매우 어려웠다. 그래서 그 이유를 찾아보려고 구글링을 했을 때 다음과 같은 문장을 볼 수 있었다.

"오존 요법은 질병이나 상처를 치료하기 위해 신체에 오존 가스를 투여하는 과정을 말합니다. 오존은 3개의 산소 원자(O3)로 구성된 무색 기체입니다. 2019년 미국 식품의약국(FDA)은 오존이 독성이 있으며 입증된 의학적 용도가 없다고 밝혔습니다."

대체의학을 살펴보면 살펴볼수록 발견되는 사실은 매우 효율적이고 저렴한 치료법이 거대한 손에 의해 억눌려져 있는 것이다. 그래서 오존요법으로 한국에서 치료받는 것이 어려워 보인다. 그러나 꼭 필요하신 분이 계속 찾으시면 찾게 되실 것이라 생각된다.

22. 기타치유법

1. 산림욕

산림욕은 숲이 있는 산에서 목욕을 한다는 뜻이다. 일반적으로 목욕은 물로 하지만 산림욕은 숲속의 공기로 온 몸을 목욕한다는 뜻이다. 산림욕은 일상에 지쳐서 스트레스로 가득찬 우리의 몸과 마음을 회복시켜준다.

이것은 우리가 많이 들어온 피톤치드(phytoncide)의 효능인 것으로 보인다. 피톤치드는 러시아어로 '식물의'라는 뜻의 'phyton'과 '죽이다'라는 뜻의 'cide'가 합해서 생긴 말이다. 피톤치드는 식물이 병원균, 해충, 곰팡이에 저항하려고 분비하는 물질을 일컫는데 이것이 심폐기능을 강화시키고 스트레스를 해소시키며 살균작용을 한다. 과학자들은 우리가 숲에서 45분을 보내면 신체의 킬러 세포가 50% 증가하는 것을 발견했다. 우리가 자연과 함께 할 때 우리의 자가치유능력과 면역력은 더욱 강해질 것이다.

2. 맨발걷기

우리가 호흡하는 동안 체내에선 끊임없이 양전화를 띤 활성산소가 생성된다. 신발을 신고 걷는 동안엔 활성산소가 체외로 배출되지 못하고 계속 체내의 전압을 상승시킨다. 그런데 축척되는 활성산소와 정전기는 정상세포를 공격해서 암, 고혈압, 치매 등 많은 질병을 일으킬 수 있다.

이것들을 없애는 방법은 맨발걷기다. 신발을 신은 채 등산하면 정전기의 양이 500~900mmv이다. 그러나 신발을 벗고 흙을 밟는 순간 바로 0mmv로 떨어져버린다.

맨발로 땅을 접지하는 순간 강력한 음전압이 올라와 활성산소가 땅 속으로 사라지는 것이다. 이런 항산화 효과로 암, 고혈압, 치매, 알츠하이머, 뇌졸중, 각종 피부병, 아토피 등 각종 질병이 치유될 수 있다.

2013년 미국 심장의학자 스티븐 시나트라 박사가 12명을 대상으로 맨발걷기 효과를 실험했다. 접지 전엔 아주 끈적끈적하게 엉겨 있던 혈액이 2시간의 맨발 걷기 한 후엔 적혈구가 포도알처럼 떨어져 맑아졌다. 그러므로 맨발걷기는 백신으로 인해 올라간 심장마비, 심근경색, 뇌졸중, 치매 등 심혈관 질환의 위험성을 낮추는데 탁월하다. 흙에서 와서 흙으로 돌아가는 인간의 몸이 10분간만 땅을 닫기만 해도 몸에 좋은 에너지로 급속 충전되고 혈액은 맑아진다.

3. 주파수치료

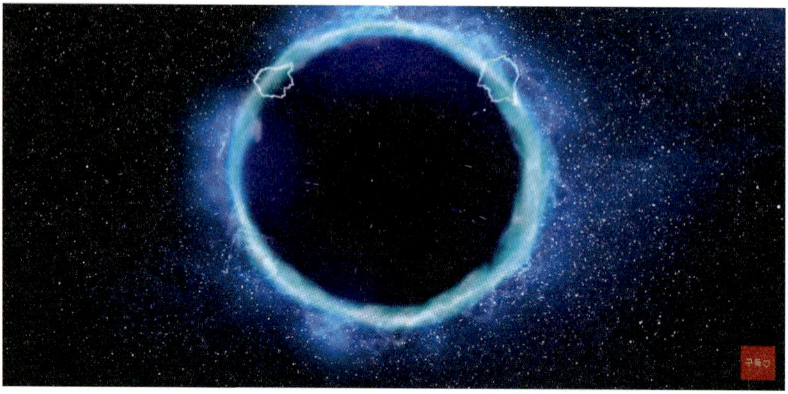

#신의주파수 #몸건강주파수 #솔페지오주파수
528Hz 신의 주파수, DNA 복구 치유

이번 백신이 인간의 DNA를 훼손하는 것이 밝혀졌다. 그런데 특정 주파수는 손상된 DNA를 치유하고 활성화하는 데 도움을 준다. 예를 들어 528㎐ 솔페지오 주파수는 치유와 회복을 할 수 있다. 그래서 이 주파수를 "528 기적"이라고도 한다. 이는 유전 생화학자들이 사용해 온 정확한 주파수이며 이 주파수는 솔페지오 주파수 중 가장 중요한 것으로 알려져 있다.

유튜브채널 '지니의 책명상'에 이 주파수를 담은 동영상을 찾아서 들을 수 있다. 이러한 주파수를 들을 때 치유를 경험할 수 있다.

4. 안찰(파이다라진: Paida Lajin)을 사용하라.

안찰(파이다라진)은 특정 외부 피부 부위를 스트레칭, 쓰다듬기, 찰싹 때리기 등을 이용해 몸 안의 독소를 뽑아 배출하는 고대 중국의 자가 치유 기법이다. 고대 도교 신자들이 이 기술을 이용하여 중요한 에너지 통로(경락계라고도 함)를 활성화시켰던 것에서 유래되었다. 파이다 라진은 몸의 경락을 자극하여 자연 에너지 흐름(기, 기, 프라나 등 세계 여러 이름으로 불림)의 순환을 증가시켜 건강과 생명력을 증진시키고 몸의 자연 치유 능력을 향상시켜 준다.

서양의학의 아버지 히포크라테스는 몸이 스스로 균형을 되찾고 치유할 힘을 지니고 있다고 거듭 강조했다. 인체에는 자가치유력을 통해 스스로 치유하고 치유하는 능력이 내재하여 있으며 면역력과 치유력은 이러한 자가치유력 일부이다. 인체는 자연 해독 능력을 갖추고 있으며, 파이다 라진의 기술은 이 능력을 활성화하고 가속하는 데 도움을 준다.

파이다라진 시술 시작과 동시에 붉은 반점, 발진, 물집, 현기증, 트림하거나 두통, 메스꺼움, 굵은 가래, 콧물, 방귀, 냄새나는 배설물, 소변 등 상당한 해독 증상이 나타나는 것이 일반적이다. 피부 변색 또한 매우 흔하며, 이것은 본질적으로 몸에서 "독혈"을 의미하는 중국어 특유의 단어인 "샤"의 방류이다.

내가 대학교에 있을 때 아버지가 젊을 때 크게 다치신 상처가 몸을 괴롭히기 시작했다. 나는 아버지를 위해서 몸에 손을 얹고 방언으로 기도하기 시작했다. 기도 중에 내 손이 아버지의 몸을 때리기 시작했다. 처음에는 약하게 시작되더니 나중에는 세게 때리기 시작했다. 기도하면서도 의식은 또렷했기에 멈추려고 했으면 멈출 수 있었지만 하나님의 이끄심인 것 같아서 내 손이 아버지의 등의 여러 곳을 때리도록 놔두었다. 기도를 마친 후에 아버지에게 괜찮냐고 물어보자 몸의 아픈 곳이 다 나았다고 하셨다. 그리고 "그래도 다른 사람을 이렇게 때리며 기도하지는 말아라"라는 말을 덧붙이셨다.

안찰이 효능이 있는 것은 열매로 알 수 있지만 안찰을 세상으로 가져온 사람은 수감되어 재판을 받고 있다. 가짜 재판은 세상에 진정한 치료법을 가져다주는 사람들에게 흔히 일어난다.

5. 전기를 사용하라.

최근 한 연구는 적어도 43개의 시장을 선도하는 백신에서 나노입자를 발견했기 때문에 나노물질의 문제는 단순히 COVID 백신에만 국한되지 않는다. 백신에 포함된 유해한 무기물 나노입자에 대항하는 가장 효과적인 무기 중 하나는 몸에 약한 전류를 직접 가하는 것이다. 연구에 따르면 전기의 종류와 양이 현저한 치유를 촉진할 수 있다.

이를 위한 최고의 장치 중 하나는 유명한 과학자 니콜라 테슬라가 발명한 테슬라 바이올렛 레이다. 그의 창작물과 특허는 대부분 그가 죽은 뒤 정부에 의해 탄압되거나 압수되었고 미국에서는 록펠러 주도의 천연 의약품 단속으로 바이올렛 광선의 제조가 금지되었다. 다행히 바이올렛 레이는 테슬라의 몇 안 되는 발명품 중 하나로, 단속을 뚫고 살아남았으며 세계적으로 공개되고 있다. 보랏빛 광선은 약한 치유의 전하(electric charge)를 전신은 물론 적용 부위에 전달함으로써 작동한다.

좋은 샘물, 빗물 또는 역삼투 여과수를 전후로 마셔 전도성을 보조하고, 몸에서 보석 및 기타 금속을 모두 제거하여 전기가 몸 안의 무기 원소(나노이트 등)에 유인되도록 한다. 신체, 특별히 백신 맞은 곳과 C7 척추, 이마, 귀 주변과 뒤, 질동맥/신경, EFT 두드리는 지점 및 척추를 따라 하루에 세 번, 한 회당 10~15분씩 실행하라. 그렇게 하면 당신은 일반적이고 놀라운 건강상의 이점도 얻게 될 것이다.

Hulda Clark와 Don & Carol Croft zappers를 포함하여 잘 작동할 다른 전기치료기가 많다. 전자파 기술(Ampcoil 및 Telsa Bio 치유 장치 등)도 시중에 나와 있다. 그러한 장치는 해로운 나노기술과 기생충의 영향을 없앨 수 있는 효능이 있다.

6. 부황

백신 접종 후 피로 인해서 많은 부작용이 감지될 때 사용할 수 있는 방법은 부황이다. 특별히 사혈 부항과 사혈 침이 효과적이다. 한 유튜브 영상에서 백신접종을 받은 후 접종한 곳을 날카로운 칼로 상처를 내서 피를 빼는 모습을 본 적이 있다. 충격적이게도 빠져나온 피는 금새 젤리처럼 변했다. 백신으로 인해서 혈전이 생겼다면 빨리 빼내야 한다. 끈적한 피를 가장 효과적으로 빼내는 방법 중 하나는 사혈 부항과 사혈침이다. 그 외에 고용량 비타민C와 글루타치온을 주사로 투입하는 것도 좋은 방법이다. 매우 위급하면 아스피린으로 피를 묽게 할 필요도 있다. 이러한 방법은 의사와 충분히 상담을 한 후에 진행하는 것이 좋다.

7. 긍정적 생각

우리 몸에는 세라토닌이라는 신경전달 물질이 있다. 행복호르몬이라고 불리는 이 물질은 인간의 감정, 수면, 식욕, 행동 등 매우 다양한 분야에 영향을 준다. 이 물질이 증가하면 사람들은 행복한 감정을 느끼지만 감소하면 스트레스에 시달리게 된다. 이 세라토닌은 우리가 긍정적인 생각을 할 때 분비된다. 그러므로 우리가 어떠한 마음과 생각을 갖느냐에 따라 우리안에 어떤 호르몬이 분비되냐가 결정된다. 그리고 어떤 호르몬이 분비되냐에 따라 우리의 몸이 치유될 수도 있고 파괴될 수도 있다. 그래서 잠언에는 "마음이 즐거움의 양약이라도 심령의 근심은 뼈로 마르게 하느니라"라는 말씀이 있다.(잠15:13) 우리 몸의 건강은 우리의 마음과 생각에 의해 결정된다.

제6부 말씀과 기도

23. 성경적 치유법

첫째, 주님을 경외하고 악을 멀리하라

모든 질병의 원인이 죄는 아니지만 많은 질병이 죄로 인해 생겨난다. 예수님께서도 죄로 인해서 일어난 질병을 고치실 때 "네 죄사함을 받았느니라"고 말씀하시기도 하고 "더 심한 것이 생기지 않게 다시는 죄를 범하지 말라"고 말씀하셨다.(눅5:20, 요5:14) 우리는 하나님을 경외하는 마음으로 우리에게 질병을 가져오는 음란, 도둑질, 미움과 같은 죄악을 멀리해야 한다. 그때 우리의 상처가 낫는 기적이 일어나기 시작할 것이다.

"주님을 경외하고 악을 멀리하여라. 그러면 이것이 너의 몸에 보약이 되어, 상처가 낫고 아픔이 사라질 것이다."(잠2:7-8)

둘째, 가난하고 어려운 사람을 도와주어라.

나에게 뇌경색이 일어났을 때 쉴 새 없이 토하고 어지러워 사는 것보다 죽는 것이 낫다고 생각했던 적이 있었다. 그때 급하게 병원에 가서 입원하고 치료를 받았다. 병원에서 시편 41:1-3절 말씀을 읽는데 내 몸에 전율을 느끼며 이 말씀이 나에게 이루어졌다는 것에 대한 강력한 확신이 들었다.

"가난하고 힘없는 사람을 돌보는 사람은 복이 있다. 재난이 닥칠 때 주님께서 그를 구해 주신다. 주님께서는, 그가 병상에 누워 있을 때에도 돌보시며 어떤 병이든 떨치고 일어나게 하실 것이다."(시41:1, 3)

의사들이 매우 빨리 회복된다고 말했고 나는 얼마되지 않아 퇴원했다. 그 당시 아는 지인은 뇌경색이 와서 한 쪽이 마비가 되었는데 나는 아무런 부작용없이 병원문을 나왔다.

셋째, 교회 지도자들의 기도를 받고 서로를 위해서 기도하라

세상의 많은 사람들이 교회 지도자들의 기도를 받고 질병에서 자유케 되었다. 내 주위 분들 중에도 치유의 은사가 있어서 기도할 때 치유가 되는 일이 때때로 일어난다. 성경은 적극적으로 죄를 고백하면서 지도자들을 불러서 치유기도를 받으라고 말씀하신다.

"여러분 가운데 병든 사람이 있습니까? 그런 사람은 교회의 장로들을 부르십시오. 그리고 그 장로들은 주님의 이름으로 그에게 기름을 바르고 그를 위하여 기도하여 주십시오. 그러므로 여러분은 서로 죄를 고백하고, 서로를 위하여 기도하십시오. 그러면 여러분은 낫게 될 것입니다. 의인이 간절히 비는 기도는 큰 효력을 냅니다."(약5: 14, 16)

넷째, 믿음으로 주님께 나아가 기도하고 선포하라.

러시아 강제수용소에 수감된 기독교인들은 향정신성 약물과 다른 유해물질을 강제로 투약받았다. 그러나 감옥의 수감자 중 한 경건한 여성에게는 약이 종일 투여됐지만, 효과가 없었다. 그녀는 끊임없이 "주 예수 그리스도가 내게 자비를 베푸소서"라고 기도했다. 그녀의 납치범들은 이 일로 혼란스러워했고 자기들이 시험적으로 마약과 독약을 먹은 후 사망했다. 다음의 말씀이 이루어진 것이다.

"그들은 뱀을 집어 올리며, 무슨 독을 마실지라도 해를 받지 아니하며, 병든 사람에게 손을 얹은즉 나으리라"(막16:18)

mRNA 백신은 하나님께서 인간의 몸에 만드신 mRNA의 영역을 침범한 해킹과 같다. 이것은 하나님의 유전자를 변형시킬수 있는 위험도 있어서 기도는 매우 중요한 단계다. 기도할 때 하나님의 초자연적인 손길이 백신으로 인한 손상을 되돌리고, DNA를 치유하며, 영적 성장이 이루어질 수 있다.

"제가 하나님의 모습과 닮아 신묘막측하게 만들어졌다는 것을 인정합니다. 나는 백신이나 다른 수단을 통해 성전인 내 몸을 해치고 내 DNA를 침해하려는 어떠한 시도나 행동에도 동의하지 않겠습니다. 나는 부정하고 더러운 물질로 인류가 공격당하는 것을 막아주시고 보호해주시기를 전능하신 하나님 아버지께 기도합니다. 당신의 자녀로서, 우리는 그리스도를 마음속에 모시는 성전인 우리 몸이 침범하는 것에 동의하지 않겠습니다. 내 삶이 하나님의 계획을 따르기로 선택합니다. 예수 그리스도의 이름으로 기도합니다. 아멘."

이 기도를 소리내어 기도하라. 가능하면 다른 사람과 함께 기도하라. 그리고 다음장에 나오는 기도문을 읽으며 기도하라. 겸손한 마음으로 주님 앞에서 믿음으로 기도할 때 치유를 경험하게 될 것이다.

24. 치유 기도문

1. 회개의 기도

“주님, 우리를 주님께로 돌이켜 주십시오. 우리가 주님께로 돌아가겠습니다. 우리의 날을 다시 새롭게 하셔서, 옛날과 같게 하여 주십시오.”(애가5:21)

“이제 주님께로 돌아가자. 주님께서 우리를 찢으셨으나 다시 싸매어 주시고, 우리에게 상처를 내셨으나 다시 아물게 하신다. 이틀 뒤에 우리를 다시 살려 주시고, 사흘 만에 우리를 다시 일으켜 세우실 것이니, 우리가 주님 앞에서 살 것이다.”(호6:1-2)

“지나온 길을 돌이켜 살펴보고, 우리 모두 주님께로 돌아가자.”(애가 3:40)

“주님, 주님께서 죄를 지켜보고 계시면, 주님 앞에 누가 감히 맞설 수 있겠습니까? 용서는 주님만이 하실 수 있는 것이므로, 우리가 주님만을 경외합니다.”(시130:3-4)

“하나님, 주님의 한결같은 사랑으로 내게 자비를 베풀어 주십시오. 주님의 크신 긍휼을 베푸시어 내 반역죄를 없애 주십시오. 내 죄악을 말끔히 씻어 주시고, 내 죄를 깨끗이 없애 주십시오. 나의 반역을 내가 잘 알고 있으며, 내가 지은 죄가 언제나 나를 고발합니다. 주님께만, 오직 주님께만, 나는 죄를 지었습니다. 주님의 눈 앞에서, 내가 악한 짓을 저질렀으니, 주님의 판결은 옳으시며 주님의 심판은 정당합니다. 실로, 나는 죄 중에 태어났고, 어머니의 태 속에 있을 때부터 죄인이었습니다. 마음속의 진실을 기뻐하시는 주님, 제 마음 깊은 곳에 주님의 지혜를 가르쳐 주셨습니다. 우슬초로 나를 정결케 해주십시오. 내가 깨끗하게 될 것입니다. 나를 씻어 주십시오. 내가 눈보다 더 희게 될 것입니다. 기쁨과 즐거움의 소리를 들려주십시오. 주님께서 꺾으신 뼈들도, 기뻐하며 춤출 것입니다. 주님의 눈을 내 죄에서 돌리시고, 내 모든 죄악을 없애 주십시오. 아, 하나님, 내 속에 깨끗한 마음을 창조하여 주시고 내 속을 견고한 심령으로 새롭게 하여 주십시오. 주님 앞에서 나를 쫓아내지 마시며, 주님의 성령을 나에게서 거두어 가지 말아 주십시오. 주님께서 베푸시는 구원의 기쁨을 내게 회복시켜 주시고, 내가 지탱할 수 있도록 내게 자발적인 마음을 주십시오. 반역하는 죄인들에게 내가 주님의 길을 가르치게 하여 주십시오. 죄인들이 주님께로 돌아올 것입니다."(시편 51편)

"어느 누가 자기 잘못을 낱낱이 알겠습니까? 미처 깨닫지 못한 죄까지도 깨끗하게 씻어 주십시오. 주님의 종이 죄인 줄 알면서도 고의로 죄를 짓지 않도록 막아 주셔서 죄의 손아귀에 다시는 잡히지 않게 지켜 주십시오. 그때에야 나는 온전하게 되어서, 모든 끔찍한 죄악을 벗어 버릴 수 있을 것입니다. 나의 반석이시요 구원자이신 주님, 내 입의 말과 내 마음의 생각이 언제나 주님의 마음에 들기를 바랍니다."(시19:12-14)

"내 영혼아, 주님을 찬송하여라. 마음을 다하여 그 거룩하신 이름을 찬송하여라. 내 영혼아, 주님을 찬송하여라. 주님이 베푸신 모든 은혜를 잊지 말아라. 주님은 너의 모든 죄를 용서해 주시는 분, 모든 병을 고쳐 주시는 분, 생명을 파멸에서 속량해 주시는 분, 사랑과 자비로 단장하여 주시는 분, 평생을 좋은 것으로 흡족히 채워 주시는 분, 네 젊음을 독수리처럼 늘 새롭게 해 주시는 분이시다. 주님은 자비롭고, 은혜로우시며 노하기를 더디하시며, 사랑이 그지 없으시다. 두고두고 꾸짖지 않으시며, 노를 끝없이 품지 않으신다. 우리 죄를, 지은 그대로 갚지 않으시고 우리 잘못을, 지은 그대로 갚지 않으시고 우리 잘못을, 저지른 그대로 갚지 않으신다. 하늘이 땅에서 높음같이, 주님을 두려워하는 사람에게는, 그 사랑도 크시다. 동이 서에서 먼 것처럼, 우리의 반역을 우리에게서 멀리 치우시며, 부모가 자식을 가엾게 여기듯이, 주님께서는 주님을 두려워하는 사람을 가엾게 여기신다. 주님께서는 우리가 어떻게 창조되었음을 알고 계시기 때문이며, 우리가 한낱 티끌임을 알고 계시기 때문이다."(시103)

2. 보혈 기도문

아무런 흠도 죄도 없으셨던 예수님! 주님께서 우리의 죄를 짊어지시고 죄인이 되셨습니다. 십자가 위에서 죄가 되신 주님의 몸에 주님의 거룩하신 보혈을 흘려주셨습니다.

주님께서 채찍에 맞으신 몸이 찢어지고 거룩하신 피가 흘러내렸습니다. 그리고 제가 나음을 입었습니다. 제가 몸으로 지은 모든 죄들을 씻어주셔서 감사합니다. 저의 영, 혼, 육을 고쳐주시고 온전케 해주셔서 감사합니다.

주님, 로마 병사들이 가시 면류관을 주님의 머리위에 씌웠습니다. 그리고 주님의 거룩하신 피가 머리에서 흘러내렸습니다. 제가 생각으로 지은 죄들을 용서해 주세요. 더러운 생각에서 자유케 해 주세요. 거룩한 생각으로 가득차게 해주세요.

주님, 주님 머리에서 흘리신 피가 귀를 적셨습니다. 제가 들은 욕설, 거짓, 더러움을 씻어주세요. 주님께서 하시는 말씀을 들을 수 있는 귀를 갖게 해주세요.

주님, 주님 머리에서 흘리신 피가 눈가를 적셨습니다. 제가 눈을 통해 영혼으로 들여보냈던 모든 더러움을 씻어주세요. 제 눈가를 덮었던 너울을 벗고 주님의 영광을 바라봅니다. 주님과 같은 모습으로 변화하여, 점점 더 큰 영광에 이르게 하셔서 감사합니다.

주님, 주님 머리에서 흘리신 피가 입가를 적셨습니다. 걷잡을 수 없는 악과 죽음에 이르게 하는 독으로 가득 찬 혀가 지은 죄를 용서해주세요. 제 입이 주님을 찬양하고 복음을 전하게 해주세요.

주님, 주님의 양 손이 십자가 나무에 못박히셨습니다. 그리고 못 박히신 손 위로 주님의 거룩한 피가 흘러내렸습니다. 손으로 지은 죄를 다 씻어주세요. 주님의 일에 힘쓰는 손이 되게 해주세요.

주님, 커다란 못이 주님의 포개진 발을 뚫고 지나가서 주님을 십자가에 못박았습니다. 그 못 박히신 발 위로 주님의 거룩한 피가 흘렀습니다. 악으로 달려가는 저의 발이 지은 죄를 다 씻어주세요. 기쁜 소식을 전하는 아름다운 발이 되게 하세요.

주님, 병사가 주님의 옆구리를 찔렀을 때, 주님의 심장과 폐 주위에 있던 물과 피가 흘러나왔습니다. 주님, 만물보다 더 거짓되고 썩은 것은 저의 마음입니다. 피묻은 우슬초로 저를 정결케 해주십시오. 제가 깨끗하게 될 것입니다. 저를 씻어 주십시오. 제가 눈보다 더 희게 될 것입니다. 아, 하나님, 제 속에 깨끗한 마음을 창조하여 주시고 제 속에 견고한 심령으로 새롭게 하여 주십시오.

주님, 주님께서는 우리를 사랑하시며, 주님의 피로 우리의 죄에서 우리를 해방시켜 주셨습니다.

"복되어라! 거역한 죄 용서받고 허물을 벗은 그 사람! 주님께서 죄 없는 자로 여겨주시는 그 사람! 마음에 속임수가 없는 그 사람! 그는 복되고 복되다!" (시32:1-2)

주님, 저에게 가장 큰 복을 부어주셔서 감사합니다.

3. 주님을 향한 기도

"주님 알려 주십시오. 내 인생의 끝이 언제입니까? 내가 얼마나 더 살 수 있습니까? 나의 일생이 얼마나 덧없이 지나가는 것인지를 말씀해 주십시오. 주님께서 나에게 한 뼘 길이밖에 안 되는 날을 주셨으니, 내 일생이 주님 앞에서는 없는 것이나 같습니다. 진실로 모든 것은 헛되고, 인생의 전성기조차도 한낱 입김에 지나지 않습니다. 걸어 다닌다고 하지만, 그 한평생이 실로 한오라기 그림자일 뿐, 재산을 늘리는 일조차도 다 허사입니다. 장차 그것을 거두어들일 사람이 누구일지는 아무도 모르는 일입니다. 그러므로 주님, 이제, 내가 무엇을 바라겠습니까? 내 희망은 오직 주님뿐입니다."(시39:4-7)

"주님, 나에게 단 하나의 소원이 있습니다. 나는 오직 그 하나만 구하겠습니다. 그것은 한평생 주님의 집에 살면서 주님의 자비로우신 모습을 보는 것과, 성전에서 주님과 의논하면서 살아가는 것입니다."(시27:4)

"아, 주님, 주님이야 말로 내가 받을 유산의 몫입니다. 주님께서는 나에게 필요한 모든 복을 내려 주십니다. 나의 미래는 주님이 책임지십니다. 줄로 재어서 나에게 주신 그 땅은 기름진 곳입니다. 참으로 나는, 빛나는 유산을 물려받았습니다."(시16:5-6)

"하나님, 주님은 나의 하나님입니다. 내가 주님을 애타게 찾습니다. 물기 없는 땅, 메마르고 황폐한 땅에서 내 영혼이 주님을 찾아 목이 마르고, 이 몸도 주님을 애타게 그리워합니다. 내가 성소에서 주님을 뵙고 주님의 권능과 주님의 영광을 봅니다. 주님의 한결같은 사랑이 생명보다 더 소중하기에, 내 입술로 주님께 영광을 돌립니다. 이 생명 다하도록 주님을 찬양하렵니다. 내가 손을 들어서 주님의 이름을 찬양하렵니다. 기름지고 맛깔진 음식을 배불리 먹는 듯이 내 영혼이 만족하니, 내가 기쁨에 가득 찬 입술로 주님을 찬양하렵니다."(시63:1-5)

"내가 주님을 바라보며, 내 두 손을 펴 들고 기도합니다. 메마른 땅처럼 목마른 내 영혼이 주님을 그리워합니다."(시143:6)

“저에게 주님의 영광을 보여 주십시오.”(출33:18)

“내가 주님과 함께 하니, 하늘로 가더라도, 내게 주님 밖에 누가 더 있겠습니까? 땅에서라도, 내가 무엇을 더 바라겠습니까? 내 몸과 마음이 다 시들어가도, 하나님은 언제나 내 마음에 든든한 반석이시요, 내가 받을 몫의 전부이십니다. 주님을 멀리하는 사람은 망할 것입니다. 주님 앞에서 정절을 버리는 사람은, 주님께서 멸하실 것입니다. 하나님께 가까이 있는 것이 나에게 복이니, 내가 주 하나님을 나의 피난처로 삼고, 주님께서 이루신 모든 일들을 전파하렵니다.”(시73:25-28)

“주님, 주님께서 나를 샅샅이 살펴보셨으니, 나를 환히 알고 계십니다. 내가 앉아 있거나 서 있거나 주님께서는 다 아십니다. 멀리서도 내 생각을 다 알고 계십니다. 내가 혀를 놀려 아무 말 하지 않아도 주님께서는 내가 하려는 말을 이미 다 알고 계십니다. 주님께서 나의 앞뒤를 두루 감싸주시고, 내게 주님의 손을 얹어 주셨습니다. 이 깨달음이 내게는 너무 놀랍고 너무 높아서, 내가 감히 측량할 수조차 없습니다.”(시139:1-6)

“주님은 나의 하나님이시니, 내가 주님께 감사드립니다. 내 하나님, 내가 주님을 높이 기리겠습니다. 주님께 감사하여라. 그는 선하시며, 그의 인자하심이 영원하다.”(시118:28-29)

“나는 내게 이로웠던 것은 무엇이든지 그리스도 때문에 해로운 것으로 여기게 되었습니다. 그뿐만 아니라, 내 주 예수 그리스도를 아는 지식이 가장 고귀하므로, 나는 그 밖의 모든 것을 해로 여깁니다. 나는 그리스도 때문에 모든 것을 잃었고, 그 모든 것을 오물로 여깁니다. 나는 그리스도를 얻고, 그리스도 안에 있는 사람으로 인정받으려고 합니다. 나는 율법에서 생기는 나 스스로의 의가 아니라, 그리스도를 믿는 믿음으로 말미암아 오는 의 곧 믿음에 근거하여, 하나님에게서 오는 의를 얻으려고 합니다. 내가 바라는 것은, 그리스도를 알고, 그분의 부활의 능력을 깨닫고, 그분의 고난에 동참하여, 그분의 죽으심을 본받는 것입니다. 그리하여 나는 어떻게 해서든지, 죽은 사람들 가운데서 살아나는 부활에 이르고 싶습니다."(빌3:7-11)

4. 치유 기도문

"너희가, 주 너희 하나님인 나의 말을 잘 듣고, 내가 보기에 옳은 일을 하며, 나의 명령에 순종하고, 나의 규례를 모두 지키면, 내가 이집트 사람에게 내린 어떤 질병도 너희에게는 내리지 않을 것이다. 나는 주 곧 너희를 치료하는 하나님이다."(출15:26)

"내 영혼아, 주님을 찬송하여라. 마음을 다하여 그 거룩하신 이름을 찬송하여라. 내 영혼아, 주님을 찬송하여라. 주님이 베푸신 모든 은혜를 잊지 말아라. 주님은 너의 모든 죄를 용서해 주시는 분, 모든 병을 고치시는 분, 생명을 파멸에서 속량해 주시는 분, 사랑과 자비로 단장하여 주시는 분, 평생을 좋은 것으로 흡족히 채워 주시는 분, 네 젊음을 독수리처럼 늘 새롭게 해 주시는 분이시다."(시103:1-5)

"가장 높으신 분의 보호를 받으면서 사는 너는, 전능하신 분의 그늘 아래 머무를 것이다. 나는 주님께 '주님은 나의 피난처, 나의 요새, 나의 의지할 하나님'이라고 말하겠다. 정녕, 주님은 너를, 사냥꾼의 덫에서 빼내 주시고, 죽을 병에서 너를 건져 주실 것이다. 하나님께서 말씀하신다.' 그가 나를 간절히 사랑하니, 내가 그를 건져 주겠다. 그가 나의 이름을 알고 있으니, 내가 그를 높여 주겠다. 그가 나를 부를 때에, 내가 응답하고, 그가 고난을 받을 때에, 내가 그와 함께 있겠다. 내가 그를 건져주고, 그를 영화롭게 하겠다. 내가 그를 만족할 만큼 오래 살도록 하고 내 구원을 그에게 보여 주겠다."(시91:1-3, 14-16)

"가난하고 힘없는 사람을 돌보는 사람은 복이 있다. 재난이 닥칠 때에 주님께서 그를 구해주신다. 주님께서 그를 지키시며 살게 하신다. 그는 이 세상에서 복 있는 사람으로 여겨질 것이다. 주님께서 그를 원수의 뜻에 맡기지 않을 것이다. 주님께서는, 그가 병상에 누워 있을 때에도 돌보시며 어떤 병이든 일어나게 하실 것이다. 내가 드릴 말씀은 이것입니다. '주님, 나에게 은혜를 베풀어 주셔서, 나를 고쳐 주십시오.' 내가 주님께 죄를 지었습니다."(시41:1-4)

"주님, 저를 고쳐 주십시오. 그러면 제가 나을 것입니다. 저를 살려 주십시오. 그러면 제가 살아날 것입니다. 주님은 제가 찬양할 분이십니다."(렘17:14)

"단 한 마디 말씀으로 그들을 고쳐 주셨고, 그들을 멸망의 구렁에서 끌어내어 주셨다."(시107:20)

"이 말은 그것을 얻은 사람에게 생명이 되며, 그의 온 몸에 건강을 준다."(잠4:22)

"내 영혼이 지치도록 주님의 구원을 사모하며, 내 희망을 주님의 말씀에 걸어 두었습니다. 주님의 법을 내 기쁨으로 삼지 아니하였더라면, 나는 고난을 이기지 못하고 망하고 말았을 것입니다. 주님의 증거는 언제나 의로우시니, 그것으로 나를 깨우쳐 주시고 이 몸이 활력을 얻게 해주십시오. 나를 살려 주셔서, 주님을 찬양하게 해주시고, 주님의 규례로 나를 도와주십시오."(시119:81, 92, 144, 175)

"사람이 정신으로 병을 이길 수 있다지만, 그 정신이 꺾인다면, 누가 그를 일으킬 수 있겠느냐?"(잠18:14)

"즐거운 마음은 병을 낫게 하지만, 근심하는 마음은 뼈를 마르게 한다."(잠17:22)

"내 영혼아, 네가 어찌하여 그렇게 낙심하며, 어찌하여 그렇게 괴로워하느냐? 너는 하나님을 기다려라. 이제 내가 나의 구원자, 나의

하나님을 또다시 찬양하련다."(시42:11)

"내가 죽지 않고 살아서, 주님께서 하신 일을 선포하겠다."(시18:17)

"하나님은 분명히 내 목숨을 건져 주시며, 스올의 세력에서 나를 건져주실 것이다."(시49:15)

"그는 몸소 우리의 병약함을 떠맡으시고, 우리의 질병을 짊어지셨다."(마8:17)

"그가 징계를 받음으로써 우리가 평화를 누리고, 그가 매를 맞음으로써 우리의 병이 나았다."(사53:5)

"믿는 사람들에게는 이런 표징들이 따를 터인데, 곧 그들은 내 이름으로 귀신을 쫓아내며, 새 방언으로 말하며, 손으로 뱀을 집어들며, 독약을 마실지라도 절대로 해를 입지 않으며, 아픈 사람들에게 손을 얹으면 나을 것이다."(막16:17-18)

"주님, 하고자 하시면, 나를 깨끗하게 해주실 수 있습니다."(마8:2)

"주님은 언제나 나와 함께 계시는 분, 그가 나의 오른쪽에 계시니, 나는 흔들리지 않는다. 주님, 참 감사합니다. 이 마음은 기쁨으로 가득 차고, 이 몸도 아무 해를 두려워하지 않는 까닭은, 주님께서 나를 보호하셔서 죽음의 세력이 나의 생명을 삼키지 못하게 하실 것이며 주님의 거룩한 자를 죽음에 세계에 버리지 않으실 것이기 때문입니다. 주님께서 몸소 생명의 길을 나에게 보여 주시니, 주님을 모시고 사는 삶에 기쁨이 넘칩니다. 주님께서 내 오른쪽에 계시니, 이 큰 즐거움이 영원토록 이어질 것입니다."(시16:8-11)

5. 구원을 위한 기도

"주님, 사람이 자기 운명의 주인이 아니라는 것을, 제가 이제 깨달았습니다. 아무도 자기 생명을 조종하지 못한다는 것도, 제가 이제

알았습니다."(렘10:23)

"주님, 나를 돌보아 주시고, 나에게 은혜를 베풀어 주십시오. 나는 외롭고 괴롭습니다. 내 마음의 고통에서 벗어나게 해주시고, 나를 이 아픔에서 건져주십시오. 내 괴로움과 근심을 살펴 주십시오. 내 모든 죄를 용서하여 주십시오. 내 생명을 지켜 주십시오. 나를 건져 주십시오. 내가 수치를 당하지 않게 하여 주십시오. 나의 피난처는 오직 주님뿐입니다. 완전하고 올바르게 살아가도록, 지켜 주십시오. 주님, 나는 주님만 기다립니다."(시25:16-21)

"내가 겪는 그 고통, 쓴 쑥과 쓸개즙 같은 그 고난을 잊지 못한다. 잠시도 잊을 수 없으므로, 울적한 마음을 가눌 길이 없다. 그러나 마음속으로 오히려 희망을 가지는 것은 주님의 사랑이 다함이 없고 그 긍휼이 끝이 없기 때문이다. '주님의 사랑과 긍휼이 아침마다 새롭고, 주님의 신실이 큽니다.' 나는 늘 말하였다. '주님은 내가 가진 모든 것, 주님은 나의 희망!' 주님께서는 주님을 기다리는 사람이나 주님을 찾는 사람에게 복을 주신다."(애가3:19-25)

"주님은 나의 빛, 나의 구원이신데, 내가 누구를 두려워하랴? 주님이 내 생명의 피난처이신데, 내가 누구를 무서워하랴? 나의 대적자들, 나의 원수들, 저 악한 자들이, 나를 잡아먹으려고 다가왔다가 비틀거리며 넘어졌구나. 군대가 나를 치려고 에워싸도, 나는 무섭지 않네. 용사들이 나를 공격하려고 일어날지라도, 나는 하나님만 의지하려네. 주님의 얼굴을 내게 숨기지 말아 주십시오. 주님의 종에게 노하지 마십시오. 나를 물리치지 말아 주십시오. 주님은 나의 도움이십니다. 나를 버리지 마시고, 외면하지 말아 주십시오. 주님은 나를 구원하신 하나님이십니다. 나의 아버지와 나의 어머니는 나를 버려도, 주님은 나를 돌보아 주십니다."(시27:1-3, 9-11)

"누가 뭐라고 해도 나는 주님만 의지하며, 주님이 나의 하나님이라고 말할 것입니다. 내 앞날은 주님의 손에 달렸으니, 내 원수에게서, 내 원수와 나를 박해하는 자들의 손에서, 나를 건져 주십시오. 주님의 환한 얼굴로 주님의 종을 비추어 주십시오. 주님의 한결같은 사랑으로 나를 구원하여 주십시오."(시31:14-16)

"하나님, 주님께서 우리를 시험하셔서, 은을 달구어 정련하듯 우리를 연단하셨습니다. 우리를 그물에 걸리게 하시고, 우리의 등에 무거운 짐을 지우시고, 사람들을 시켜서 우리의 머리를 짓밟게 하시니, 우리가 불 속으로, 우리가 물속으로 뛰어들었습니다. 그러나 주님께서 우리를 마침내 건지셔서, 모든 것이 풍족한 곳으로 이끌어 주셨습니다. 내 기도를 물리치지 않으시고 한결같은 사랑을 나에게서 거두지 않으신 하나님, 찬양받으십시오."(시6 6:10-12, 20)

"주님께서 주시는 힘을 얻고, 마음이 이미 시온의 순례길에 오른 사람들은 복이 있습니다. 그들이 '눈물골짜기'를 지나갈 때에, 샘물이 솟아서 마실 것입니다. 가을비도 샘물을 가득 채울 것입니다. 그들은 힘을 얻고 더 얻으며 올라가서, 시온에서 하나님을 우러러 뵐 것입니다."(시84:5-7)

부록

1. 자주하는 질문

2. 기타보조제

1. 자주하는 질문

1. 책에 언급한 치료제들이 안전한가?

이 책에 언급된 대부분의 치료제들은 부작용이 많이 없는 영양제이기 때문에 거의 문제가 없다. 그뿐 아니라 대부분이 몸의 자연치유능력을 향상해주기 때문에 백신 디톡스뿐 아니라 건강에 많은 이로움을 가져온다. 그러나 과도한 용량은 항상 문제를 일으킬 수 있다. 가능하면 모든 영양은 자연에서 얻는 것이 안전하다. 초기에는 빠른 백신 디톡스를 위해서 치료제들을 우선적으로 사용한다고 하더라고 장기적으로는 자연에서 얻는 것들을 중심으로 하고 치료제들은 보조제로 사용하면 좋다.

2. 왜 백신이 코로나를 막지 못하나?

화이자에서는 예방 효과가 95%라고 주장했다. 그러나 이왕재 교수님은 백신을 맞아도 감염 예방을 할 수 없다고 주장했다. 그 이유는 다음과 같다. 코로나19는 공기를 통해서 코와 호흡기에 감염된다. 그러나 항체는 혈액속에 있어서 코로나19를 막지 못한다. 막을 기회조차 얻지 못한다.

3. 그래도 중증으로 가는 것을 막아주는데 백신을 맞아야 하지 않나?

백신이 코로나를 막아주지 못하다는 것이 계속해서 드러나고 있다.

그러나 백신의 효과가 전혀 없는 것은 아니다. 백신이 초기에는 중증을 막아주는 효과가 있어 보인다. 그런데 몇 달 지나면 이 효능이 사라지고 더 지나면 면역력이 약화된 백신 접종자들이 중증에 더 잘 걸리고 다른 질병에 더 취약해진다. 그래서 자꾸 백신 효능 떨어진다며 부스터 맞으라고 한다. 그런데 그 부스터는 우리 면역력을 더 약화시키고 위협할 수 있다. 그래서 나중에는 면역력이 없는 AIDS 환자처럼 돼서 평생 약에 의존하게 될 수 있고 암과 같은 각종 병에 걸릴 수 있다. 조기 치료제를 사용하면 백신처럼 중증으로 가지 않게 되고 회복되면 평생 면역력을 갖게 된다. 계산을 해 보면 무엇이 더 이익인지 알 수 있다.

4. 부작용이 심하다고 하는 이버맥틴은 안전한가?

이버맥틴을 위험한 약으로 몰아서 대중의 접근을 막으려 할 때 과학자들이 과도한 용량을 투입해서 좋지않은 결과를 만들어냈다. 스페인 독감 때 이야기를 하면서 아스피린이 많은 사람을 죽였다고 하시는 분도 있는데 그때는 사람들에게 엄청난 용량을 투입해서 부작용이 일어났다. 그러나 100mg이하의 아스피린은 부작용을 거의 일으키지 않으면서 좋은 결과를 가져오기에 중년과 노년중 매일 복용하는 분들도 많다. 이버맥틴같은 경우도 부작용이 걱정되더라도 코로나에 걸렸을 때 일주일 정도 투입되는 용량이 크지 않다. 그런데 이 약은 수십년 동안 부작용이 없는 안전한 것으로 증명되었다. 아프리카에서는 아무나 쉽게 구해서 복용하는데 암이 급증했다는 증거는 없고 안전하게 병을 치료했다는 결과만 나왔다. 또한 American Frontline Doctors, 젤란코 박사, 피터 멕켈러 박사 같은 분들도 이 약이 위험하다고 경고하지 않고 오히려 권장하고 있다.

분석과 노벨상:일본편이란 글에는 이버멕틴에 대한 다음과 같은 내용이 있다.

"오무라 교수가 노벨상을 받게 된 계기는 1979년 개발한 '이버멕틴'이라는 신약입니다. 이 약은 아프리카와 중남미에서 유행하는 '회선사상충'을 박멸할 수 있는 길을 열었는데요. 10억 명의 사람들을 기생충병에서 구하는 특효약으로 현지 사람들의 건강을 책임졌습니다."

내 개인적인 생각으로는 백신안에 '알'들이 많으므로 적당히 이버맥틴을 사용한다면 디톡스에 매우 효과적일 수 있다. 그래도 조심스럽게 살펴볼 필요는 있다고 생각한다. 며칠 사용하는 것도 께름칙한 분들은 하이드록시클로로퀸과 케르세틴을 사용하면 될 것 같다. 이버멕틴이 위험하다는 매우 확증적인 증거는 없지만, 생각을 닫아놓기보다는 계속 알아가고 발견해 나가는 것이 중요하다고 생각한다. 새로운 명백한 사실들이 기존의 생각이 잘못됐다고 확인시킨다면 바꿔야 한다.

5. 머크의 경구용 코로나19 치료제 몰누피라비르(molnupiravir)는 안전한가?

12월 13일 뉴욕타임스(NYT)는 일부 과학자들 사이에서 몰누피라비르(molnupiravir)를 임신부가 복용할 경우 태아의 DNA에 문제를 일으켜 기형을 유발할 가능성이 있다는 우려가 있다고 보도했다. 그런데 12월 14일 자 동아일보는 한국정부가 '먹는 코로나 치료제' 구입에 1920억 지출한다는 내용을 보도했다.

11월 30일 몰누피라비르 승인을 권고한 미국 식품의약처(FDA) 자문위원회에서도 약에 대한 문제가 제기된 자문위 표결에서 찬성 13, 반대 10의 근소한 표 차로 통과됐다. 여러 사람을 매수했을 것임에도 반대하는 사람들이 많았다는 것은 우리에게 위험신호를 보내는 것이다.

이전에 여러 전문가가 백신에 대해서 경고하며 조기치료제가 답이라고 말했다. 그들의 말을 들었더라면 이미 코로나를 이겼을 것이다. 그런데 이번에는 이 약에 대해서 계속 경고를 보내고 있다. 이번에는 좀 들었으면 좋겠다.

6. 코로나 치료제 람데스비르(Remdesivir)는 안전한가?

렘데시비르(Remdesivir)는 길리어드 사이언스사가 에볼라와 마버그 바이러스 치료를 위해 개발한 항바이러스제이다. 실패한 이 약은 사용되지 않다가 코로나가 발발했을 때 대중에게 사용되기 시작했다. 한국에서도 수입을 해서 사용하기 시작했는데 코로나의 발병 후 초기에는 조금 효과가 있어 보이지만 초기 단계가 지나면 효과적이지 않다. 그래서 이재갑/한림대학교 감염 내과 교수가 2020년 10월 16일에 MBC뉴스에 출연해서 람데스비르에 대해 이렇게 이야기했다.

"일단 특정 조건에, 너무 진행된 환자들은 효과를 보는 것 같지 않고요. 아까 말씀드린 대로 이제 막 나빠지는 환자에서 조금 조기에 쓰면 효과가 있는 거 같다고 사용하신 선생님들의 의견은 대부분 비슷합니다."

그런데 이 약은 두 가지 큰 문제점을 가지고 있었다. 첫째, 람데시비르에 대한 연구결과를 보면 사용환자 66%가 부작용을 경험했다. 부작용이 너무나 공포스러워 연구에 참가했던 환자들 중 12%는 약을 중단해야 했다. 미국에서는 코로나 감염자가 중증환자가 됐을 때 비로소 산소마스크를 씌우고 람데스비르를 투여했는데 이때 환자 중 많은 사람의 장기가 상하면서 죽었다. 이것에 대해 연구한 많은 사람들은 람데스비르의 부작용으로 인해 신장이 손상되어 죽었다고 주장했다.

람데스비르의 또 한 가지 문제점은 가격이 매우 비싸다는 것이다. 람데스비르보다 월등한 성능을 가진 하이드록시클로로퀸과 아연을 사용하면 치료하는데 10-20달러가 들지만 람데스비르를 사용하면 5일간 $15,000달러가량 들어간다. CDC 프로토콜은 효과있는 저렴한 치료제는 사용하지 못하게 하고 부작용이 많은 람데스비르를 사용하게 만들었다. 그래서 전문가들은 제약사와 정치세력의 결탁으로 어딘가에 처박혀있던 람데스비르를 끌어내서 치료제로 사용하기 시작했다고 생각한다. 그 외에 미다졸람(Midazolam) 같은 약과 벤틸레이터 같은 도구도 피해야 한다.

7. 우리 아이를 접종시켜야 하는가?

mRNA 백신 개발자 중 한명이었던 로버트 말론 박사는 성명서를 내서 다음과 같은 3가지 이유로 아이들에게 절대로 접종시키지 말라고 권고했다.

첫째, 백신은 아이의 몸이 해로운 스파이크 단백질을 만들도록 해서 중요장기에 영구적인 손상을 일으킨다. 둘째, 이 신기술은 충분히 테스트되지 않았다. 셋째, 그들이 다른 사람들을 위해서 아이들을 접종시켜야 한다고 하지만 그것은 거짓이다. 아이들이 부모나 조부모에게 위협이 되지 않을 뿐 아니라 코비드에 걸려서 생긴 면역력이 부모와 조부모를 이 질병으로부터 구하는데 핵심적인 역할을 한다.

8. 많은 비접종자가 오미크론에 때문에 병원에 입원하게 될 것인가?

미국 백악관 코로나 대응팀은 이런 경고를 비접종자들에게 보냈다.

"우리는 오미크론이 접종자들의 직장 생활이나 학업 수행을 곤란하게 만들지 못하게 하겠다. 접종자 여러분들은 올바른 일을 해왔고, 우리는 함께 오미크론을 헤쳐 나갈 것이다.

그런데 비접종자들... 당신들 자신과 당신의 가족들은 심각한 질병과 죽음의 겨울을 맞이하게 될 것이다. 그리고 당신들은 조만간 병원으로 몰려가서 북새통을 이루게 될 것이다."

그러나 계속해서 밝혀지는 사실은 오미크론이 대부분의 독감보다 더 약하다는 사실이다. 대부분의 비접종자는 중증으로 병원에 입원하지 않을 것이다. 조기치료제까지 준비한다면 중증입원은 매우 희박할 것이다.

9. 코로나로 감염됐다가 회복된 사람이 왜 백신을 피해야 하는가?

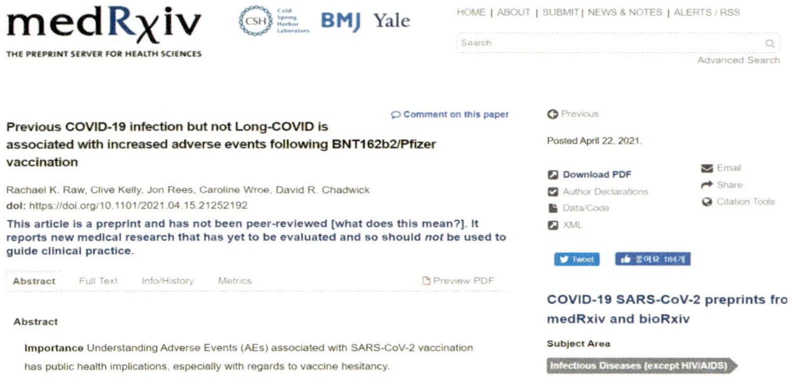
medRxiv
THE PREPRINT SERVER FOR HEALTH SCIENCES
CSH Cold Spring Harbor Laboratory BMJ Yale
HOME | ABOUT | SUBMIT | NEWS & NOTES | ALERTS / RSS
Search
Advanced Search

Comment on this paper

Previous COVID-19 infection but not Long-COVID is associated with increased adverse events following BNT162b2/Pfizer vaccination

Rachael K. Raw, Clive Kelly, Jon Rees, Caroline Wroe, David R. Chadwick
doi: https://doi.org/10.1101/2021.04.15.21252192

This article is a preprint and has not been peer-reviewed [what does this mean?]. It reports new medical research that has yet to be evaluated and so should *not* be used to guide clinical practice.

Abstract Full Text Info/History Metrics Preview PDF

Abstract

Importance Understanding Adverse Events (AEs) associated with SARS-CoV-2 vaccination has public health implications, especially with regards to vaccine hesitancy.

Previous
Posted April 22, 2021.
Download PDF
Author Declarations
Data/Code
XML
Email
Share
Citation Tools
Tweet 좋아요 184개

COVID-19 SARS-CoV-2 preprints fro medRxiv and bioRxiv

Subject Area
Infectious Diseases (except HIV/AIDS)

위의 연구는 COVID-19 감염 이후 백신 접종을 하면 부작용이 증가한다는 medRxiv의 내용이다. 코로나에 걸렸다가 회복된 사람은 평생동안 코로나를 이기는 면역력을 가지고 있다. 그들은 전혀 백신이 필요하지 않다. 그들이 백신을 맞으면 코로나에 걸리지 않은 사람보다 오히려 더 높은 부작용의 위험성이 있다.

10. VAIDS란 신종어가 무엇인가?

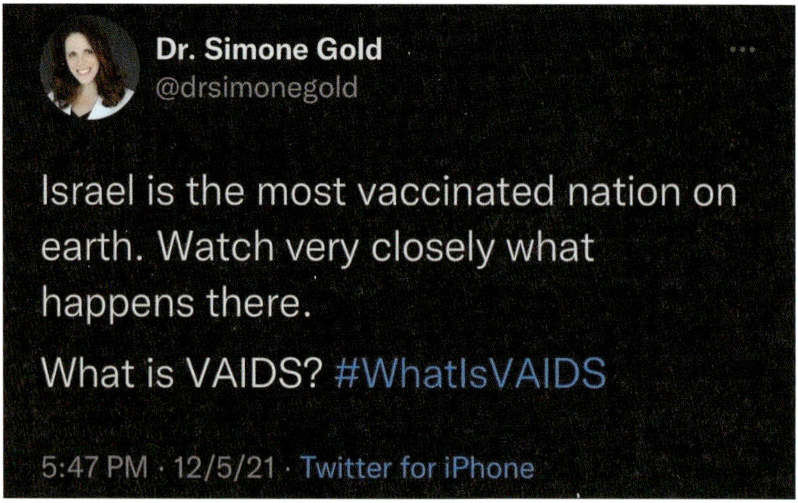

미국 최전방 의사들(America's Frontline Doctors)이 대표 사이몬 골드(Simone Gold) 닥터는 이스라엘에 대해서 다음과 같은 이야기를 했다.

"이스라엘은 전 지구상에서 가장 백신을 많이 접종한 나라입니다. 이

나라에서 무슨 일이 벌어지고 있는지 주시해야 합니다. VAIDS가 무엇입니까?

VAIDS는 Vaccine(백신)과 AIDS(에이즈)의 합성어다. 이 합성어는 '백신 유발 후천성 면역결핍증'을 나타낸다. 이 신종어가 나타난 이유는 백신을 계속해서 접종하게 될 때 AIDS(후천성 면역 결핍증)를 얻게 되는 사람이 나타나기 때문이다. 백신은 인간의 면역력을 공격한다."

2. 기타 보조제

1. 유기농 꽃가루로 DNA를 치료하라

또한, 당신의 DNA를 보호하고 치유하는 데 도움을 주기 위해 먹을 수 있는 많은 음식과 보충제들이 있다. 이중 가장 효과적인 보충제 중 하나는 벌의 꽃가루이다. 이것은 본질적으로 자연의 생명 블록의 농축물이다. 벌의 꽃가루는 인간이 필요로 하는 거의 모든 영양소를 포함하고 있는데, 벌의 꽃가루에 대한 가장 흥미로운 사실 중 하나는 그것이 실험실에서 합성될 수 없다는 것이다. 러시아 타라노프 Apiculture Institute의 연구원들에 따르면 꿀벌의 꽃가루는 단일 식품에서 자연에서 발견되는 가장 풍부한 비타민 공급원이며, 루틴이 매우 풍부하며, 핵산 RNA[리보핵산]과 DNA[디옥시리보핵산]의 고함량을 제공한다.

2. 프로폴리스

프로폴리스는 꿀벌이 만드는 양봉의 부산물로 세포손상을 유발하는 활성산소의 생성을 막아주고 면역력을 강화시킨다. 비염완화. 입냄새 제거 통증완화와 같은 효과도 있다.

3. 오메가 3

오메가3는 혈관 속 중성지방이 쌓이는 걸 막아줘서 혈액순환을 원활하게하고 혈전예방에 도움이 된다. 비타민 B와 함께 먹으면 뇌세포 손상을 방지한다.

4. 아스피린(asprin)

혈전을 용해시키고 염증을 억제한다. 하루 100mg가량을 복용하면 부작용이 없으면서 심혈관 질환을 예방할 수 있다. 또한 항염제와 진통제로도 쓰인다.

5. 멜라토닌

생체리듬을 조절하는 멜라토닌은 불면증 환자의 치료제로 사용되기도 하지만 항산화 능력도 탁월하다. 그뿐 아니라 멜라토닌이 호르몬이기에 다른 항산화제에 비해 세포막 통과가 쉽고, 뇌 세포와 혈관 사이를 자유롭게 오갈 수 있어 신경세포를 탁월하게 보호한다.

6. 과산화수소(hydrogen peroxide)를 사용하라.

과산화수소는 두 개의 수소와 두 개의 산소를 가진 자연산 화합물이다. 그것은 산성 환경에서 안정적이며, 몸 안의 산소 가스로 반출되고 분해된다. 과산화수소를 치료제로 복용하면 유기물과 반응하여 원소의 형태인 물과 산소로 분해된다. 이 추가된 산소는 대부분 질병이 번성하거나 심지어 살 수 없는 환경을 만든다. 이러한 산화 과정은 건강을 회복하고, 질병을 완화하며, 빠른 치유를 위한 근본적인 목적을 제공한다. 과산화수소는 또한 바이러스, 박테리아, 그리고 약국에서 발견되는 다른 병원균에 대항하여 작용함으로써 약물의 해독을 도울 수 있다. 과산화수소를 이용한 연구결과, 자가면역질환 치료에도 효과가 높다는 사실이 밝혀졌다. 자가면역질환은 종종 약물 복용으로 인해 발생하는 질환이다. 사용하는 과산화수소는 식품 등급인 것을 확인하고 사용하기에 안전하게 희석된 후 사용하라.

7. 붕소/붕사(boron/borax)를 사용하라

붕소는 중금속 해독에 없어서는 안 될 보충제이며 몇 안 되는 나노봇 복제 억제제 중 하나이다. 붕소는 동물뿐만 아니라 식물에서 모든 생명체에 필수적인 무기물이지만 안타깝게도 토양에서 붕소를 흡수하는 것을 억제하는 화학 비료를 사용하여 우리 음식에서 의도적으로 고갈시켰다. 이것은 현재 매우 흔한 붕소 결핍으로 인해 건강에 문제를 일으키지만, 우리 중 극소수만이 알고 있다.

붕사(Borax, 사수화물 또는 붕산나트륨)는 나트륨, 붕소, 산소, 물로 구성된 자연 발생 미네랄로, 다양한 질병의 치료제로 4000년 이상 사용됐다. 시중의 옵션 중 하나는 액상 이온 붕소이고 좋은 붕소 보조제도 많이 있다.

붕사는 소량(FDA 최대 복용량은 몸무게 100파운드당 1/8티스푼)으로 섭취해야 하므로 매일 아침 물에 조금씩 담가 복용하고, 내부 나노 해독제를 위해 하루에 3~6잔 정도 복용해야 한다. 이것은 또한 전반적인 건강에 중요한 pH를 올리는 데 도움을 줄 것이다.

8. 아세아 리독스(ASEA Redox)라는 보조제다.

이 보조제는 증류수(Distilled Water)와 염화나트륨(Sodium Chloride)만 있지만 특수한 기술을 사용해서 항산화제를 활성화하는 분자들로 가득차 있다. 한 연구에 따르면 우리 몸의 최고의 항산화제라고 불리는 글루타치온의 효과를 500% 증가시킨다고 한다. 이 보조제의 특성과 효과는 다음과 같다.

- ASEA는 세포의 고유한 성분으로 몸의 자연 화학적 균형과 일치합니다.

- 몸의 가장 중요한 천연 항산화제의 효과를 500% 이상 증가 시킵니다(Glutathione Efficiency가 500% 증가).
- 산화 스트레스를 줄이고 세포 손상을 회복시키는 면역체계의 기능을 지원합니다.
- 글루타치온과 SOD와 같은 우리 몸의 천연 항산화 물질을 활성화시킵니다.

이용법은 다음과 같다.

- 최고의 결과는 ASEA를 지속해 음용할 때 얻을 수 있습니다.
- 일단 개봉한 ASEA는 1개월 이내에 소비하십시오(하루 4 oz 소비시 1병은 8일 분량).
- ASEA는 공복에 복용하십시오.
- ASEA와 다른 어떤것도 믹스하지 마십시오.
- ASEA를 마신 후 최소한 5분이 지난 후 물이나 음식을 드십시오.
- ASEA는 냉장보관할 수 있습니다.
- 유리컵이나 플라스틱, 일회용 컵을 이용해 마실 수 있습니다(금속컵은 사용하지 마십시오)

9. 수라민(Suramin)과 쉬키민산(Shikimic)을 사용하라.

수라민은 원래 솔잎 기름 추출물에서 유래한 격리된 화합물이다. 이는 여러 종류의 기생충과 바이러스를 죽이는 데 매우 효과적이며, 다른 많은 부분에도 유익한 영향을 미치는 것으로 밝혀졌다. 이후 약물로 생산돼 WHO가 아프리카 수면병과 강맹증을 치료하는 데 사용했다.

프랜데믹(Plandemic)으로 유명한 주디 마이코비츠(Judy Mikovits) 박사가 수라민이 mRNA백신의 해독과 백신으로 인해 만들어진 자폐증을 치료제라고 해서 솔입의 수라민 성분이 큰 관심을 받기 시작했다. 그러나 그녀는 나중에 그녀가 언급한 수라민이 제약회사에서 만들어 제공하다가 멈춘 약이라고 말했다. 그러나 그녀는 솔잎에서 나오는 수라민이 도움이 안된다는 말은 아니라고 했다. 그러나 제약회사에서 만든 수라민이 아니면 그녀가 언급한 놀랄만한 효과를 기대하기는 어렵다.

수라민의 가장 강력한 자연 공급원으로는 피논 솔(Pinon Pine)과 수지(Resin)가 농축된 시베리아 삼나무 견과류 기름이 있다.

솔잎에는 코비드에 대항하는 면역력을 높여주는 시키마산을 포함하고 있다. 시키미산이 많이 함유된 다른 음식에는 회향, 스타아니스 차, 밀싹 주스가 포함되며, 슈퍼푸드에는 정신분열, 세인트존스워트, 컴프리 잎, 피버풀, 은행빌로바 잎, 자이언트 히솝 또는 말박트 등이 포함된다.

10. 기타 보조제

위에 언급한 보조제 이외에도 여러 보조제가 존재한다. 다음에 나오는 보조제들도 해독 과정에서 큰 도움을 줄 수 있다. 한번 연구해볼 가치가 있다.

- 밀크시슬(Milk Thistle)
- 요오드(예: 아토믹 요오드 또는 디톡사딘)
- ALA(알파 리놀산)
- 실라짓(Shilajit)

- 페시틴(Fesitin)
- 실리카(Silica)
- 칼륨(Potassium)
- 크릴 오일(Krill Oil)
- 프로바이오틱스
- 알파 리포산(Alpha lipoic acid)
- 클로렐라(Chlorella)
- 스피룰리나(Spirulina)
- 오레가노의 기름(Oil of Oregano)
- 이브닝 프림로즈 오일(Evening Primrose Oil)
- 자작나무 숯
- 셀레늄(Selenium)
- 베이킹 소다
- 클로이드 은(Colloidal Silver)
- MSM 식이유황
- 리놀레산(Linolec acid LA)
- 코코넛 오일
- 마그네슘
- 브로멀린(Bromelain)
- 나토키나아제(nattokinase)
- 레스베라트롤(Resveratrol)
- 이산화 염소(MMS)
- MMS2(차아염소산)
- 밀크시슬(Milk Thistle)

3. 2021년을 보내며 드러나는 진실

2022년을 맞이하면서 코로나백신에 대한 중요한 두 가지 주장이 허무하게 무너져 내렸다. 첫째, 코로나를 막는 데 효과적이라며 방역 당국, 주류언론, 그리고 거대제약회사가 극찬했던 백신이 변이 바이러스를 막지 못한다는 것이 확실하게 드러났다. 그동안 미국과 한국의 방역 당국에서 데이터를 조작하면서까지 백신의 무용론을 막았는데 높은 접종률에도 불구하고 더 많은 확진자가 나타나면서 더는 숨길 수 없게 되었다. 그동안 코로나는 미접종자들의 펜데믹이라는 프레임이 완전히 파괴되었다. 심지어는 CDC의 로셸 월렌스키 국장도 거짓말을 섞었지만, 그동안 백신이 전염을 막는다는 주장을 버리고 백신이 바이러스의 전파를 막는다는 것을 인정했다.

(CDC 국장 로셸 월렌스키)

"우리 백신은 매우 효과가 높습니다. 심한 질병과 죽음에도 불구하고 백신은 델타에 대해서도 계속 효과가 있을 것입니다. 그러나 백신은 확산을 막지 못합니다."

둘째, 그래도 중증은 막는다며 백신을 맞아야 한다고 강조했는데 이미 접종에 열을 올렸던 나라들에서 접종자들 가운데 중증환자들이 늘어나며 거짓이 드러났다. 원 아메리칸 네트워크(OAN)에서는 8월 15일에서 12월 15일 사이에 있었던 영국의 공식 사망률에 대해 언급하며 백신을 접종한 사람들이 미접종자보다 월등히 많이 사망했다고 발표했다. 프랑스에서도 다음과 같은 자료가 나왔다.

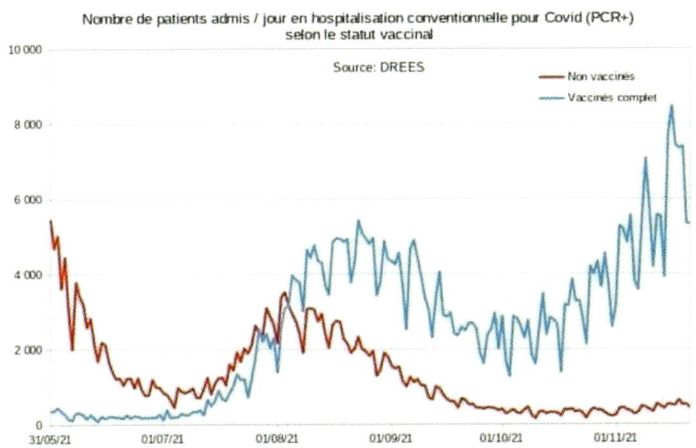

(비접종자와 접종자의 입원률 비교)

파란색으로 표시된 것은 프랑스의 코로나바이러스 백신을 완전히 접종한 사람의 입원률이고 빨간색은 백신을 접종하지 않은 사람들의 입원률이다. 이 그래프는 백신이 결국에는 중증을 막지 못한다는 것을 보여준다.

위의 두 사실은 백신이 단기적 효과가 있는 것처럼 보일지 몰라도 결국에는 아무런 효과가 없을 뿐 아니라 더 큰 부작용을 가져온다는 것을 알려준다. 그러나 더 큰 문제는 백신 자체가 가져오는 엄청난 부작용에 있다.

미국의 백신 유해 사례 보고 시스템(VAERS)의 보고가 실제보다 매우 낮다는 것은 이미 대중에게 알려진 사실이다. 최근 콜롬비아 대학의 최근 연구는 백신 유해 사례 보고 시스템(VAERS)의 유해반응통계가 1/20만을 기록하고 있는 것으로 밝혀졌다. 사실 이것보다 더 심각한 연구도 있지만 이 연구를 바탕으로 1월 1일 기준 백신 유해 사례 보고 시스템(VAERS)의 통계에 20을 곱하면 다음의 통계가 나온다.

20,004,540명 부상
3,129,120명 의사 진료실 방문
2,212,180 입원
2,184,900 긴급 진료
420,040명 사망
713,000명 영구 장애
68,700건 유산
212,800 심장마비
173,460 아나필락시스
250,640 벨마비
442,340 심근염/심낭염
100,220 혈소판 감소증
477,840 생명의 위협
729,840 심각한 알레르기 반응
229,240 대상포진

위의 사실은 진실이라면 보험회사와 같은 곳은 피부로 느낄 것이다. 왜냐면 사망에 대해 가장 민감한 회사가 보험회사이기 때문이다.

"Highest Death Rates In History" – Indiana Life Insurance CEO Says Deaths are UP BY A WHOPPING 40% Among People Aged 18-64 in 2021 – Only a Fraction From Covid Deaths (VIDEO)

By Julian Conradson
Published January 3, 2022 at 7:52pm
1228 Comments

Share | Tweet | Gab Share | Telegram | Share

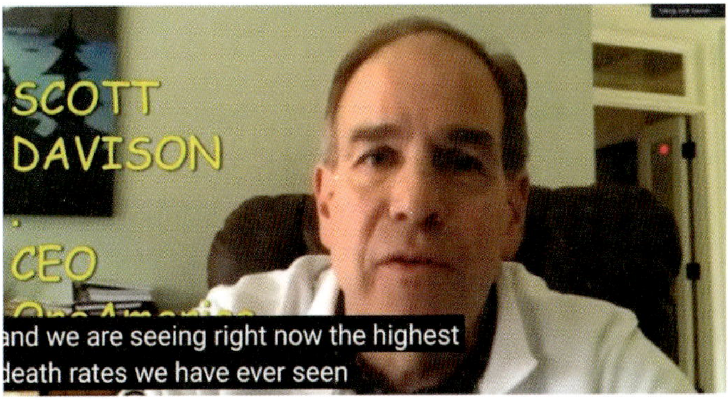

(가장 높은 사망률을 보고 있다는 스콧 데비슨 CEO)

1977년부터 인디아나폴리스(Indianapolis)에 본사를 둔 1000억 달러 규모의 보험회사 원어메리카(OneAmerica)는 2,400명의 직원을 두고있고 생명보험을 판매한다. 이들은 가장 철저하고 신뢰할 수 있는 의료데이터를 보유하고 있다. 이 보험회사의 CEO인 스콧 데비슨(Scott Davison)은 12월 30일에 인디아나(Indiana) 상공회의소가 주

최한 가상 컨퍼런스에서 자신들의 의료데이터를 가지고 다음과 같은 주장을 했다.

"18세에서 64세 사이의 미국인들 사이의 사망률이 펜데믹 이전의 수준에 비해 입이 벌어질 정도로 40%나 급증했습니다. 이것은 사업 역사상 가장 높은 엄청난 숫자입니다. 이러한 증가는 Covid-19 사망으로 분류되는 사망에 의한 것이 아닙니다. 원어메리카(One America)뿐만 아니라 모든 사업 참여 업체에서 이 데이터는 일관성을 유지하고 있습니다."

인디애나 병원 협회 회장인 부라이언 타볼(Brian Tabor)은 데이비슨(Davidson)의 주장을 뒷받침하는 증거를 제시하며 다음과 같이 주장했다.

"미국 전역의 병원에는 코로나19와 무관한 환자들이 넘쳐나고 있습니다. 데이비슨(Davidson)에 의해 인용된 엄청나게 높은 사망률은 이 주의 병원들과 일치합니다. 제가 확인한 것은 데이비슨이 최전방(Front End)에서 보고 있는 것을 확증했다는 것입니다."

인디애나의 최고 의료 책임자인 린제이 위버 박사도 그들의 주장을 확인시켜 주었다.

"지난 5년 동안 어느 때보다도 더 많은 사람이 병원에 입원했습니다. 현재 주 중환자실 환자의 37%만이 코로나19로 입원해 있는데 비해 다른 질병이 있는 환자의 병상은 무려 54%에 달합니다."

한국에서도 정부와 질병청이 얼마나 비과학적으로 방역을 했나에 대한 증거가 쏟아지기 시작했다. 예를 들어 최춘식 의원이 질병청에

"청소년 치명률이 0%인데 백신패스는 왜하나?"는 질문에 질병청이 "무증상 감염이 많아서다"라도 대답했다. 그러자 최춘식 의원이 국내 연령대별 코로나 무증상 감염자의 타인 전파 확산 통계를 요구했다. 그의 요구에 대해 질병관리청은 '해당 통계를 별도로 관리하고 있지 않다'고 답변했다.

이에 대해 최 의원은 다음과 같이 주장했다.

"질병청은 그동안 '코로나 확산의 불명 사례가 더 증가하는 동시에 무증상 감염 전파도 가능하다'며, 국민들에게 공포심을 조장하고, 청소년 무증상 감염이 많아 코로나 감염이 더욱 확산될 우려가 있어 소아 청소년에게도 백신을 접종해야 한다고 답변하기도 했다. 정작 질병청은 무증상감염자가 얼마나 타인에게 코로나를 전파시키는지 연령별 자료 조차 마련해 놓고 있지 않았다."

의과대학 교수이자 두 개의 주요저널의 편집자인 피터 맥캘러박사는 "바이러스는 증상없이 퍼지지 않습니다. 아픈 사람만이 다른 사람에게 퍼뜨립니다."라고 주장했다. 심지어는 WHO의 한 과학자조차 한 매체에서 '무증상 환자가 타인에게 전파하는 것은 매우 드물다'라고 인정했던 동영상이 인터넷 이곳저곳 떠돌고 있다. 그렇다면 질병청은 비과학적인 논리와 거짓으로 공포를 확산시켜 무증상 감염이 많은 청소년과 어린이들에게 접종시킨 것이다. 이들은 백신으로 인한 청소년 피해자들에 대한 책임에서 벗어나기 어려울 것으로 보인다.

2021년이 지나가기 전에 라퀸타롤롬나에 의한 또 하나의 엄청난 폭로가 있었다.

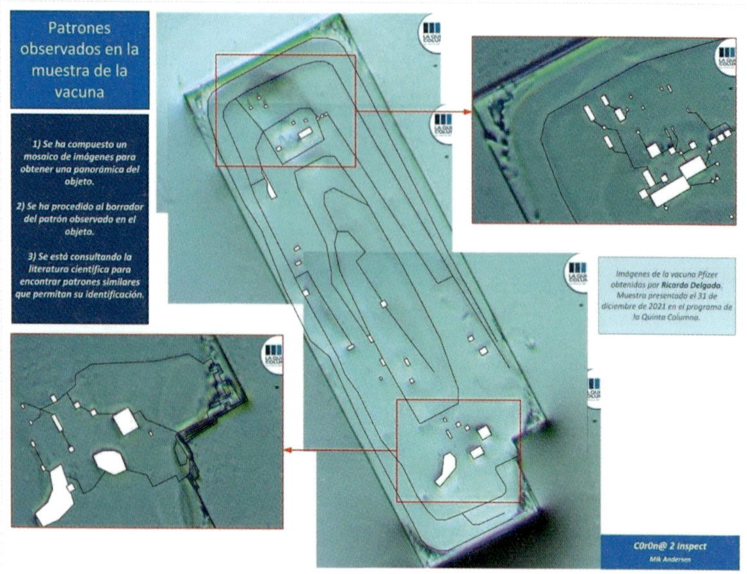

(라퀸타골롬나가 발견한 마이크로데크놀러지 부품)

산화그래핀에 대해 처음으로 정확한 자료를 가지고 대중에게 경고를 주었던 사람은 라퀸타콜롬나의 대표 리칼도 델가도(Richardo Delgado)일 것이다. 그는 2021년 12월에 화이저 병에 있던 마이크로테크놀러지 부품을 보여주며 다음과 같은 또 다른 경고를 했다.

"이것이 화이자 샘플에 있는 물이 증발하도록 4-5일 기다린 후에 눈에 보여진 것입니다. 하이드로젤이 말랐을 때 우리가 지금 나누게 될 이미지가 형성되었습니다. 우리가 화이자 백신 안에서 발견한 것을 보십시오. 네 개의 이상한 모퉁이들이 있습니다. 이것들은 전자 부품들입니다. 여기 이것은 세라믹 콘덴서 또는 어떤 전자 부품이나 회로 종류처럼 보입니다. 이것은 아마 마이크로 라우터입니다. 이것이 아마 사람들이 맥(MAC) 주

소를 생성하는 원인일 것입니다. 다시 말해서 마이크로테크놀러지가 완전히 속은 우리 가족들에게 주입된 것입니다. 어떻게 이것이 혈전을 일으키지 않을 수 있겠습니까? 어떻게 이것이 온갖 종류의 심혈관 질환과 심장마비를 일으키지 않을 수 있겠습니까? 어떻게 이것이 부정맥을 일으키지 않을 수 있겠습니까? 나는 모든 의료 공동체에 즉각 이 은밀한 대량학살을 끝내라고 간청합니다."

시간이 지나면 지날수록 백신이 주는 이익보다 부작용이 더 엄청난 것이 드러나고 있다. 그뿐 아니라 초기의 백신이 주는 이익도 조기 치료제가 더 훌륭하게 감당하기에 알만한 사람은 모두 코로나 백신이 나와서는 안 될 괴물이었다고 한다. 그리고 전 세계에서 일어나는 현상은 그들의 주장을 확증시켜주고 있다.

우리는 백신을 맞았다는 사실을 돌이킬 수는 없다. 그러나 하늘에서 주신 자아치유능력(Self Healing Power)은 백신의 부작용에서 우리를 구할 수 있다. 어쩌면 이 책에 쓰인 전문가들의 조언을 잘 활용한다면 이전보다 더 건강해질 사람도 생길 수 있을 것이다.

4. 살인백신이라는 확실한 증거

독일의 두 저명한 과학자인 수차릿 박크디(Sucharit Bhakdi) 박사와 아르네 부르하르트(Arne Burkhardt) 박사는 2021년 12월 10일에 한 심포지엄에서 "COVID 100신: 100신이 효과가 없는 이유와 100신 접종 후 사망의 원인이 되는 역할에 대한 반박할 수 없는 증거"라는 제목으로 자신들의 연구 결과를 발표했다.

이 연구는 코로나 백신을 접종한 후 7일에서 최대 6개월 이내에 사망한 15명의 100신 접종 환자(28~95세 범위)를 자세히 조사한 내용이다. 이 연구를 보면 백신이 생명을 구하지 못했을 뿐만 아니라 백신 접종 환자 중 14명은 다양한 중요 기관에 광범위한 자가면역 손상을 입었다. 그들은 접종 후 그들의 항체와 T-림프구가 그들에게 대항하여 중요한 기관을 공격해서 사망했다. 이 연구로 인해 코로나 백신의 mRNA가 중요한 기관에 대한 자가면역 공격을 유발하는 것이 밝혀졌다. 건강한 세포가 mRNA로 인해 갑자기 외부 스파이크 단백질을 생성하면 면역 반응 세포는 건강한 세포를 신체 전체에 대한 위협으로 보고 공격하게 된다. 즉 암세포와 감염된 세포로부터 신체를 보호하는 작용을 하는 T-림프구와 Ig 항체는 mRNA에 의해 재프로그래밍된 모든 세포를 공격해서 mRNA가 들어간 모든 장기를 파괴할 수 있다. 박크디(Bhakdi)박사는 다음과 같이 경고했다.

"심장 근육, 간 및 폐가 이 빌어먹을 [스파이크] 단백질을 생성하기 시작하고 [그리고] 살인 림프구가 거기로 이동하여 ... 심장, 폐, 간을 파괴합니다."

다음에 나오는 내용은 그들의 발표를 정리한 내용인데 좀더 자세히 연구하실 분들을 위해서 영문도 첨부했다.

COVID 백신에 대해: 효과가 없는 이유와 백신 접종 후 사망에 대한 원인 역할에 대한 반박할 수 없는 증거(On COVID vaccines: why they cannot work, and irrefutable evidence of their causative role in deaths after vaccination)

수차릿 바크디 의학박사와 아르네 부르크하트 의학박사 (Sucharit Bhakdi, MD and Arne Burkhardt, MD)

이 글은 2021년 12월 10일 UK Column에서 생중계된 COVID 윤리 박사 심포지엄에서 바크디박사와 브룩하트 박사의 프레젠테이션에 대한 요약본입니다.

This text is a written summary of Dr. Bhakdi's and Dr. Burkhardt's presentations at the Doctors for COVID Ethics symposium that was live-streamed by UK Column on December 10th, 2021.

작가들(The authors)

박크디 박사는 의학 미생물학과 전염병을 연구하고 가르치고 실습하며 일생을 보냈습니다. 그는 1990년부터 2012년 은퇴할 때까지 독일 마인츠의 요하네스 구텐베르크 대학에서 의학 미생물학 및 위생 연구소의 의장을 역임했습니다. 그는 면역학, 세균학, 바이러스학, 기생충학 분야에서 300편이 넘는 연구 논문을 발표했으며, 1990년부터

2012년까지 로버트 코흐가 1887년 창간한 이 분야의 첫 과학 저널 중 하나인 의학 미생물학 및 면역학 편집장으로 재직했습니다.

Dr. Bhakdi has spent his life practicing, teaching and researching medical microbiology and infectious diseases. He chaired the Institute of Medical Microbiology and Hygiene at the Johannes Gutenberg Unversity of Mainz, Germany, from 1990 until his retirement in 2012. He has published over 300 research articles in the fields of immunology, bacteriology, virology and parasitology, and served from 1990 to 2012 as Editor-in-Chief of Medical Microbiology and Immunology, one of the first scientific journals of this field that was founded by Robert Koch in 1887.

아르네 부르크하트 박사는 함부르크, 베른, 튀빙겐 대학에서 가르친 병리학자입니다. 그는 일본(니혼 대학), 미국(브룩헤븐 국립 연구소), 한국, 스웨덴, 말레이시아 및 터키의 방문 교수직/학습 방문에 초청되었습니다. 그는 18년 동안 로이틀링겐의 병리학 연구소를 이끌었습니다. 그 후 그는 미국 내 연구소와 컨설팅 계약을 맺고 독립적인 개업의로 병리학의 일을 했습니다. 부르크하트는 독일어, 영어 및 일본어로 된 핸드북에 기고할 뿐만 아니라 150개 이상의 과학 논문을 독일과 국제 과학 저널에 출판했습니다. 수년간 그는 독일의 병리학 연구소를 감사하고 인증했습니다.

Dr. Arne Burkhardt is a pathologist who has taught at the Universities of Hamburg, Berne and T bingen. He was invited for visiting professorships/study visits in Japan (Nihon University), the United States (Brookhaven National Institute),

Korea, Sweden, Malaysia and Turkey. He headed the Institute of Pathology in Reutlingen for 18 years. Subsquently, he worked as an independent practicing
pathologist with consulting contracts with laboratories in the US. Burkhardt has published more than 150 scientific articles in German and international scientific journals as well as contributions to handbooks in German, English and Japanese. Over many years he has audited and certified institutes ofpathology in Germany.

증거(The evidence)

유전자 기반 COVID-19 백신 사용을 즉각 중단해야 하는 과학적 증거를 제시합니다. 우리는 먼저 왜 성분들이 바이러스 감염으로부터 보호하지 못하는지를 설명해야 합니다. 어떠한 긍정적인 효과도 기대할 수 없지만, 우리는 백신이 쇠약해지는 질병과 죽음으로 이어지는 자기 파괴적인 과정을 촉발할 수 있다는 것을 보여 줍니다.

We herewith present scientific evidence that calls for an immediate stop of the use of gene-based COVID-19 vaccines. We first lay out why the agents cannot protect against viral infection. While no positive effects can be expected, we show that the vaccines can trigger self-destructive processes that lead to debilitating illness and death.

왜 백신이 전염으로부터 보호하지 못하나
(Why the vaccines cannot protect against infection)

COVID-19 백신 개발의 근본적인 실수는 인체가 병원성 미생물로

부터 자신을 보호하기 위해 생산하는 항체의 두 가지 주요 범주 사이의 기능적 구분을 소홀히 한 것입니다.

첫 번째 범주(분비형 IgA)는 호흡기와 장을 따라 늘어선 점막 바로 아래에 있는 면역 세포에 의해 생성됩니다. 이러한 림프구에 의해 생성된 항체는 점막의 표면을 통해 분비됩니다. 따라서 이 항체들은 공기 매개 바이러스를 만나기 위해 현장에 있고, 그것들은 바이러스 결합과 세포의 감염을 예방할 수 있습니다.

A fundamental mistake underlying the development of the COVID-19 vaccines was to neglect the functional distinction between the two major categories of antibodies which the body produces in order to protect itself from pathogenic microbes.

The first category(secretory IgA) is produced by immune cells(lymphocytes) which are located directly underneath the mucous membranes that line the respiratory and intestinal tract. The antibodies produced by these lymphocytes are secreted through and to the surface of the mucous membranes. These antibodies are thus on site to meet air-borne viruses, and they may be able to prevent viral binding and infection of the cells.

항체의 두 번째 범주는 혈류에서 발생합니다. 이 항체들은 혈류를 통해 퍼지려고 하는 전염성 물질로부터 신체의 내부 장기를 보호합니다. 근육에 주입되는 백신(즉, 신체 내부)은 IgG와 순환 IgA를 유도할 뿐 분비성 IgA는 아닙니다. 이러한 항체는 SARS-CoV-2에 의한 감염으로부터 점막을 효과적으로 보호할 수 없습니다. 따라서, 백신 접종을 받은 사람들 사이에서 현재 관찰된 "획기적인 감염"은 백신의 근본적인 설계 결함을 확인할 뿐입니다. 혈액 내 항체의 측정은 호흡기의 감염에 대한 면역력의 진정한 상태에 대한 정보를 결코 제공할 수 없습니다. 최신 과학 출판물에 백신으로 인한 항체가 코로나바이러스 감염을 예방하지 못하는 것이 보고되었습니다.

The second category of antibodies (IgG and circulating IgA) occur in the bloodstream. These antibodies protect the internal organs of the body from infectious agents that try to spread via the bloodstream. Vaccines that are injected into the muscle - i.e., the interior of the body - will only induce IgG and circulating IgA, not secretory IgA. Such antibodies cannot and will not effectively protect the mucous membranes from infection by SARS-CoV-2. Thus, the currently observed "breakthrough infections" among vaccinated individuals merely confirm the fundamental design flaws of the vaccines. Measurements of antibodies in the blood can never yield any information on the true status of immunity against infection of the respiratory tract. The inability of vaccine-induced antibodies to prevent coronavirus infections has been reported in recent scientific publications.

백신은 자멸을 일으킬 수 있다.
(The vaccines can trigger self-destruction)

SARS-CoV-2 (코로나바이러스)의 자연 감염은 대부분 사람들에게 호흡기에 국소적으로 남아있을 것입니다. 대조적으로, 그 백신들은 우리 몸 깊숙한 곳에 있는 세포들이 바이러스 스파이크 단백질을 발현하게 하는데, 그것은 본래 의도된 것이 아닙니다. 이 외래 항원을 발현하는 모든 세포는 면역체계의 공격을 받게 되는데, 면역체계는

IgG 항체와 세포독성 T림프구를 모두 포함할 것입니다. 이것은 어느 기관에서나 발생할 수 있습니다. 우리는 지금 심장이 많은 젊은이에게 영향을 받아 심근염이나 심지어 갑작스러운 심정지나 사망에 이르게 된다는 것을 보고 있습니다. 어떻게 그리고 왜 그러한 비극들이 예방접종과 인과적으로 연관될 수 있는지는 추측의 문제로 남아있었습니다. 왜냐하면, 과학적인 증거들이 부족했습니다. 이제 이 문제가 해결되었습니다.

A natural infection with SARS-CoV-2 (coronavirus) will in most individuals remain localized to the respiratory tract. In contrast, the vaccines cause cells deep inside our body to express the viral spike protein, which they were never meant to do by nature. Any cell which expresses this foreign antigen will come under attack by the immune system, which will involve both IgG antibodies and cytotoxic T lymphocytes. This may occur in any organ. We are seeing now that the heart is affected in many young people, leading to myocarditis or even sudden cardiac arrest and death. How and why such tragedies might causally be linked to vaccination has remained a matter of conjecture because scientific evidence has been lacking. This situation has now been rectified.

환자들에 대한 조직병리학적 연구
(Histopathologic studies: the patients)

예방접종 후 사망한 15명의 장기에 대해 조직병리학적 분석이 수행되었습니다. 환자별 연령, 성별, 예방접종 기록, 사망시각은 다음 페이지 표에 나와 있습니다. 다음은 가장 중요한 사항입니다.

* 사망하기 전에 15명의 환자 중 4명만이 이틀 이상 중환자실에서 치료를 받았습니다. 대다수는 병원에 입원한 적이 없으며, 집(5명), 길거리에서(1명), 직장에서(1명), 차에서(1명) 또는 가정간호 시설에서 사망했습니다. 따라서, 대부분의 경우, 치료적 개입이 사후 발견에 큰 영향을 미치지는 않을 것입니다.
* 검시관이나 검사의 예방접종과 관련된 사망자는 단 한 명도 없었습니다. 이 연관성은 우리의 부검 결과에 의해서만 확인되었습니다.
* 처음에 수행된 전통적인 사후 검진은 또한 장기의 거시적인 외관이 전반적으로 두드러지지 않았기 때문에 예방접종의 가능한 역할에 대한 분명한 힌트를 발견하지 못했습니다. 대부분의 경우, "리듬성 심부전"이 사망 원인으로 추정되었습니다.

  하지만 이후의 조직병리학적 분석은 완전한 전환을 가져왔습니다. 기본적인 발견에 대한 요약은 다음과 같습니다.

Histopathologic analyses have been performed on the organs of 15 persons who died after vaccination. The age, gender, vaccination record, and time of death after injection of each patient are listed in the table on the next page. The following points are of utmost importance:

* Prior to death, only 4 of the 15 patients had been treated in the ICU for more than 2 days. The majority were never hospitalized and died at home (5), on the street (1), at work (1), in the car (1), or in home-care facilities (1). Therefore, in most cases, therapeutic intervention is unlikely to have significantly influenced the post-mortem findings.

* Not a single death was brought into any possible association with the vaccination by the coroner or the public prosecutor; this association was only established by our autopsy findings.
* The initially performed conventional post-mortems also uncovered no obvious hints to a possible role of vaccination, since the macroscopic appearance of the organs was overall unremarkable. In most cases, "rhythmogenic heart failure" was postulated as the cause of death.
  But our subsequent histopathological analyses then brought about a complete turnaround. A summary of the fundamental findings follows.

조직병리학적 연구 결과 (Histopathologic studies: findings)

15명의 사망자 중 14명의 장기에서 비슷한 성격의 조직병리학적 발견이 발견되었습니다. 가장 많이 고통받는 것은 심장(15건 중 14건)과 폐(15건 중 13건)였습니다. 또한 간(2건), 갑상샘(하시모토 갑상샘염, 2건), 침샘(셰그렌 증후군, 2건), 뇌(2건)에서 병리학적 변화가 관찰되었습니다.

모든 케이스의 모든 영향을 받는 조직에서 여러 가지 두드러진 측면이 지배적입니다.

1. 작은 혈관에서의 염증 사건(내피염), 혈관 내강 내에 튤림프구와 격리된 죽은 내피 세포가 특징입니다.
2. T 림프구가 광범위하게 혈관 주위로 축적됩니다.

3. 림프구가 있는 주변 비순환 기관 또는 조직의 대규모 림프구 침투입니다.

림프구 침윤은 때때로 강렬한 림프구 활성화와 여포 형성과 결합하여 일어났습니다. 이것들이 있는 곳에는 대개 조직 파괴가 동반되었습니다.

면역학적 자기 공격 과정을 명확하게 반영하는 다초점, T 림프구 중심의 병리학 조합은 전례가 없습니다. 예방접종이 모든 사례들 사이의 유일한 공통분모였기 때문에, 이 죽은 사람들에게서 자멸의 계기가 되었다는 것은 의심할 여지가 없습니다.

Histopathologic findings of a similar nature were detected in organs of 14 of the 15 deceased. Most frequently afflicted were the heart (14 of 15 cases) and the lung (13 of 15 cases). Pathologic alterations were furthermore observed in the liver (2 cases), thyroid gland (Hashimoto's thyroiditis, 2 cases), salivary glands (Sj gren s Syndrome; 2 cases) and brain (2 cases).

A number of salient aspects dominated in all affected tissues of all cases:

1. inflammatory events in small blood vessels (endothelitis), characterized by an abundance of T lymphocytes and sequestered, dead endothelial cells within the vessel lumen;
2. the extensive perivascular accumulation of T-lymphocytes;
3. a massive lymphocytic infiltration of surrounding non-lymphatic organs or tissue with T lymphocytes.

Lymphocytic infiltration occasionally occurred in combination with intense lymphocytic activation and follicle formation. Where these were present, they were usually accompanied by tissue destruction.

This combination of multifocal, T-lymphocyte-dominated pathology that clearly reflects the process of immunological self-attack is without precedent. Because vaccination was the single common denominator between all cases, there can be no doubt that it was the trigger of self-destruction in these deceased individuals.

결론(Conclusion)

조직병리학적 분석은 백신에 의한 자가면역 유사 병리학의 명확한 증거를 보여줍니다. 이러한 자동 공격 과정에서 발생하는 무수한 부작용은 모든 개인에게, 특히 부스터 주사 이후 매우 자주 발생할 것으로 예상되어야 한다는 것은 자명합니다.

의심할 여지 없이, 유전자 기반 COVID-19 백신의 주입은 생명을 질병과 죽음의 위협 아래 놓이게 합니다. 4대 주요 제조업체와 마찬가지로 mRNA와 벡터 기반 백신이 모두 이러한 경우에 해당됩니다.

Histopathologic analysis show clear evidence of vaccine-induced autoimmune-like pathology in multiple organs. That myriad adverse events deriving from such auto-attack processes must be expected to very frequently occur in all individuals, particularly following booster injections, is self evident.

Beyond any doubt, injection of gene-based COVID-19 vaccines places lives under threat of illness and death. We note that both mRNA and vector-based vaccines are represented among these cases, as are all four major manufacturers.

5. 후천성 면역결핍증이 나타나는 이스라엘과 영국

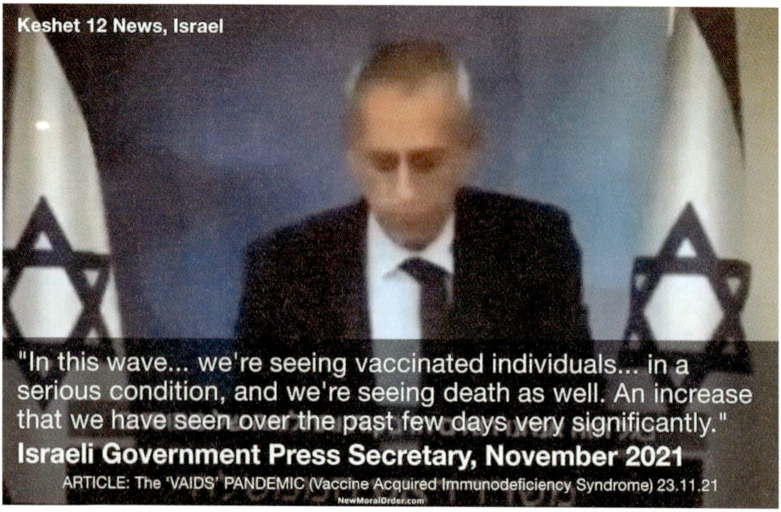

(2021년 11월에 이스라엘 정부 대변인의 발표)

2021년 11월에 이스라엘 정부 대변인이 나와서 백신으로 인해 만들어진 AIDS에 대해 단서를 주는 다음과 같은 성명을 발표했다.

"급증하는 모습에서... 우리는 접종자들이 매우 심각한 상태와 심지어는 죽음에 이르는 것을 봅니다. 지난 며칠 동안 매우 심각한 증가를 봅니다."

그 후 영국에서는 매우 심각한 자료가 흘러나왔다. The Expose는 1월 9일 자 기사에서 "영국 정부 공식 데이터에 따르면 완전 예방 접종 영국인은 2022년 2월 말까지 후천성 면역결핍 증후군으로 발전할 것이다"라는 제목의 글을 실었다. 이 기사는 예방접종 완료자에게 청천벽력과 같은 소식이었다. 기사에는 다음과 같은 표를 실었다.

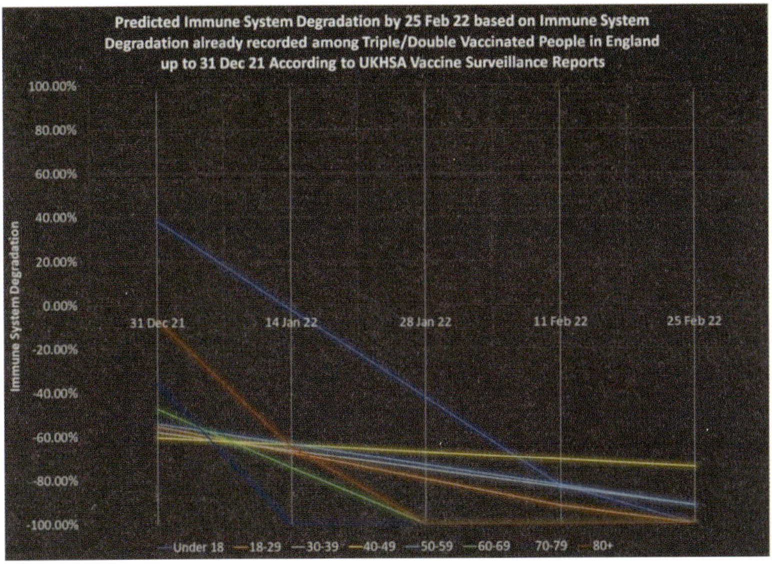

(나이별과 면역력이 약화하는 모습을 보여주는 그래프)

위의 표는 그동안의 데이터를 근거로 한 UK Health Security Agency Vaccine Surveillance Report 예측 수치다. 자세히 살펴보면 1월~2월에 백신 효과가 -100에 가까운 연령층이 많다. −100의 의미는 백신이 면역력을 완전히 파괴한 것을 의미한다. 즉 1월과 2월에 많은 사람이 후천성 면역결핍증에 걸리게 되는 것이다. 결국, 부스터는 면역체계 저하를 크게 가속하며 영국에서 대부분의 삼중/이중 예방접종을 받은 사람들은 2022년 2월 말까지 새로운 형태의 코비드−19 백신으로 만들어진 후천성 면역결핍 증후군으로 고통받게 될 것이다. 이번 코로나 방역의 가장 큰 실패의 원인은 하나님이 주신 선천적 면역력을 무시할 뿐만 아니라 이 선천적 면역력을 파괴하는 백신만이 우리를 구원한다는 집단최면 때문이다.

6. 노스캐롤라이나 간호사의 증언

다음에 나오는 내용은 노스캐롤라이나의 한 간호사는 지역 교육청에서 증언한 내용이다. 그녀는 코로나로 죽은 사람들은 살해된 것으로 간주해야 한다고 주장한다.

저는 모건 윌리스(Morgan Wallace)입니다. 저는 뉴하노버 카운티[병원]의 10년차 직원입니다. 저는 코로나에 대한 당신의 마지막 방어선이었습니다. 당신이 바닥에 피를 흘리고 있는 동안 우리는 당신의 가슴을 열고 심장과 폐를 뛰게 했습니다.

제가 깨달은 것은 정부의 보류된 코로나 치료 정책으로 인해 환자들이 불필요하게 죽어가고 있다는 것이었습니다. 코로나로 사망한 모든 사람은 살해된 것으로 간주되어야 합니다. 조기 치료는 항상 효과적이었습니다.

저는 강제접종이 시작된 날 병원을 나왔습니다. 저는 입원 전에 Covid 환자를 치료하는 유일한 사람입니다. 우리 병동을 포함해 병원 전 직원이 예방접종을 받고 코로나19에 걸리는 것도 지켜봤습니다.

다른 모든 종류의 질병과 함께 당신은 이제 수백만 개의 스파이크 단백질로 몸에 부하를 가했으며 이제 여러분은 암, 혈전 및 몸에 나타날 수 있는 모든 종류의 질병이 나타날 수 있는 시한폭탄입니다.

그리고 사람들이 의사들에게 가서 코비드 치료를 받을 수 있는지 묻는 것을 듣는 것이 지겹습니다. 그들의 유일한 선택은 백신을 접종하거나 집에 가거나 치료를 받을 수 없는 병원에 가는 것입니다.

조기 치료가 항상 효과가 있었기 때문에 병원에 가기 전에 코로나로 인해 여러분 중 누구라도 치료하게 되어 기쁩니다. 저는 FLCCC Alliance, NC Physicians for Freedom 및 Medical Freedom Summit의 회원입니다.

그리고 저는 여러분 모두가 두려움을 선택하고 우리 아이들에게 마스크를 씌우는 것을 중단하기를 요청하고 싶습니다. 백신은 효과가 없을 것이고, 조기 치료는 항상 효과가 있었고, 환자에 대한 정부의 잘못된 관리는 사람들이 사망한 이유입니다.

그리고 가족들은 이것을 깨닫고 일어나서 정부와 병원을 뒤쫓을 것입니다. 저는 New Hanover에서 높은 훈장과 존경을 받았습니다. 저는 2020년 11월 우수 직원이었고 올해 이 병원의 수석 의료 책임자로부터 일자리를 얻었고 옳은 일을 위해 일어서기로 했습니다.

우리 아이들에게 이 마스크를 착용하는 것과 예방접종이 도움이 되지 않는데 우리는 모두 그것을 깨달을 필요가 있습니다. 더러운 음모가 드러났고 백신 발명가를 포함하여 모든 사람이 전 세계적으로 말하고 있습니다.

한벗학교

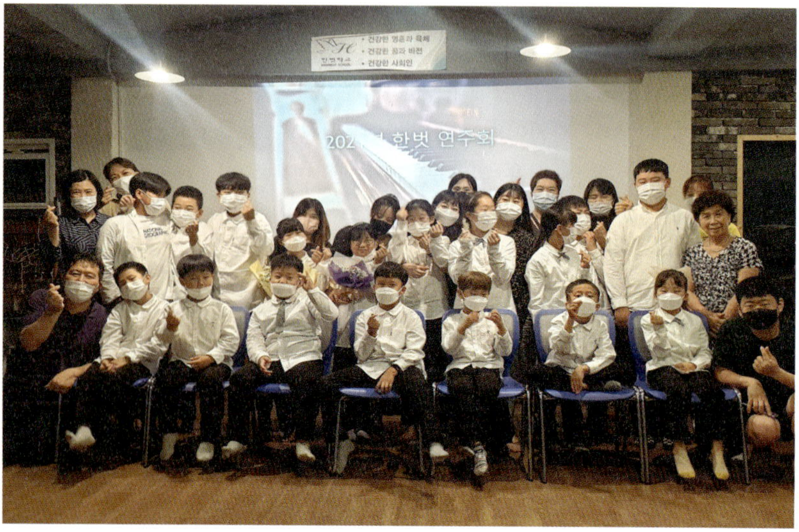

한벗학교에는 초등학생과 중학생 20여명의 탈북민 자녀들이 생활하고 있습니다. 혼자 경제 전선에 뛰어 드신 어머님들이 많으셔서 아이들을 돌보시기 어려운 부분을 한벗학교가 돕고 있습니다. 대부분 아이들은 어릴 때 북한에서 오거나 중국에서 태어났습니다. 이들 어머님들 중 어떤 분들은 중국에서 인신매매를 경험 하셔서 아이를 낳으셨기 때문에 정체성 문제와 가정 문제가 심각합니다. 한국에 입국해서는 이런 문제 위에 언어, 학습 격차, 친구들과의 관계, 그리고 미래에 대한 불안감으로 어려움을 겪고 있습니다. 2014년 12월에 북한 여성으로부터 시작된 한벗학교는 선생님들이 방과 후 학습을 지도 할 뿐 아니라 다양한 프로그램을 진행하며 아이들이 한국 사회에 적응하는 것을 돕고 있습니다. 중국 시골에서 태어난 아이들이 많아 한글에 집중하지만 수학, 영어뿐 아니라 피아노 첼로와 같은 예체능 수업뿐 아니라 컴퓨터 교육도 하고 있습니다. 그뿐 아니라 예수 그리스도의 사랑을 전하며 함께 공동생활을 하고 있습니다. 한벗학교는 많은 우여곡절이 있었지만 점점 지역 사회에 뿌리를 내리며 아이들이 변화하는 모습을 보고 있습니다. 아이들은 한벗학교 공동체 안에서 섬기시는 선생님들과 자원 봉사자들을 통해 치유를 경험하며 건강하게 자라고 있습니다. 또한 기숙사 생활을 하며 매일 드려지는 예배를 통해 자연스럽게 복음을 접하게 되어 하나님의 사랑이 아이들의 공허한 마음을 위로하고 있습니다.

"여기서 피아노, 바이올린, 첼로, 그리고 워십 댄스를 배우게 되서 매우 좋았어요 예수님을 알게 되고 여기서 방언도 받고 자유롭게 기도하고 찬양하고 성경 읽을 수 있어서 가장 좋았어요"

"말씀 읽는 시간과 기도 시간이 되면 하나님이 저를 부르시는 것 같아요."

한벗학교는 아이들이 건강한 영혼과 육체 건강한 꿈과 비전, 그리고 건강한 사회인으로 성장하기를 소망하는 목적이 있습니다. 그래서 이 아이들이 통일 한국의 미래를 짊어질 인재가 되기를 원합니다. 한벗학교에서 자라는 아이들이 통일 한국의 인재가 되기를 위해서 많은 관심과 기도 부탁드립니다.

학교 문의
전화번호: 031) 968-7711
주소: 경기도 고양시 흥도로 454 번길 32
후원: 국민 은행 293201-04-169070 한벗학교

우리가 모두 해야 할 일은 자신의
건강을 되찾고 면역 체계를
건강하고 강하게 만드는
것입니다.

하나님이 우리에게 주신
면역체계는 이 합성 무기를
약화할 수 있고 우리를 치유할 수
있습니다.

- 주디 마이크로비츠(Judy
Mikovits)

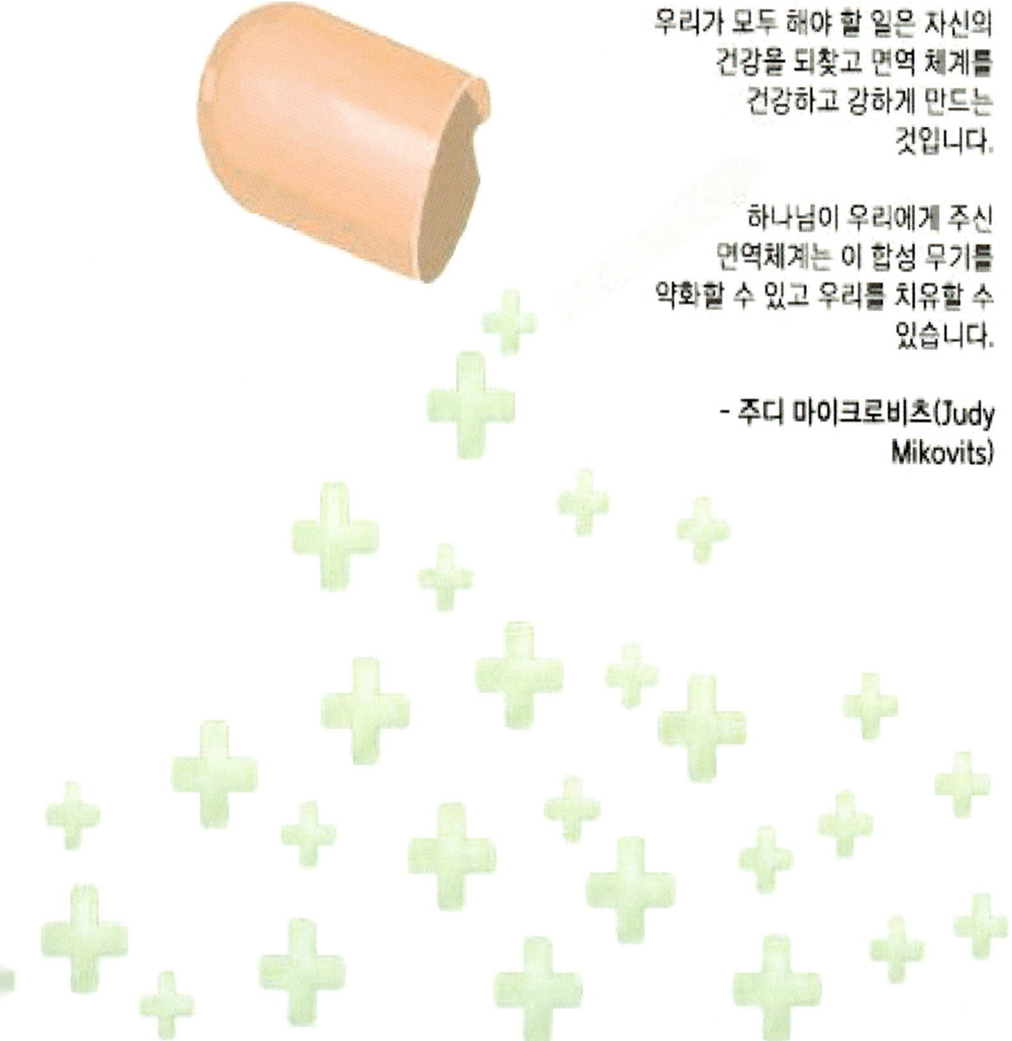

은혜와진리

값 12,000원

ISBN 978-89-98860-10-3